ALEXANDER POHLE
ULRIKE NIEDERER
STEFAN BLANK

HERZSTÜCKE IM ALLGÄU

BESONDERES ABSEITS DER BEKANNTEN WEGE **ENTDECKEN**

BRUCKMANN

Liebe Leserin, lieber Leser,

das Allgäu gehört sicher zu den schönsten und abwechslungsreichsten Regionen in Deutschland. Mir persönlich gefallen die große Vielfalt und Abwechslung von Natur, Kultur und Technik, die das Allgäu bietet. Das Angebot ist einfach riesig, deshalb werden Sie als Besucher sicher das Richtige für sich finden. Und trauen Sie sich ruhig, auch die nicht alltäglichen Dinge ausprobieren.
Die beste Zeit, um auf Entdeckungstour zu gehen, ist von Frühjahr bis Herbst, aber natürlich hat auch der Winter so einiges zu bieten.

Viel Vergnügen bei Ihren eigenen Erkundungen und Ausflügen im »Blauen Land«!

Alexander Pohle

IMMER EINE SÜNDE WERT!

MEINE LIEBLINGSLÄDEN ZUM ESSEN, TRINKEN, EINKAUFEN UND WOHNEN

01 EIN ADLER IN DIETMANNS

Die Allgäuer Gastronomie hat ja einiges zu bieten. Den »Adler« in Dietmanns gibt es aber nur einmal. Hier trifft nicht nur Kultur auf Kulinarisches, es treffen sich auch Gäste aller Alters- und Gesellschaftsschichten. Im Sommer sitzen Sie im Biergarten besonders schön!

Iris und Dieter Hierlemann haben der historischen Gaststätte aus dem 17. Jahrhundert ein neues Erscheinungsbild gegeben, und wir können den »Adler« heute getrost als Kulturtreff bezeichnen! Denn neben der gemütlichen, im Stil der oberschwäbischen Jahrhundertwende eingerichteten Gaststätte mit 45 Sitzplätzen lockt im Sommer der »Dietmannser Adler'sche Biergarten«. Die Karte ist die gleiche wie im Lokal, und wenn das Wetter mitspielt, ist ein Sonnenuntergang im von Bäumen eingewachsenen Biergarten ein Spektakel. Drinnen und draußen können Sie das ganze Jahr über preiswert schlemmen oder Boule spielen, die Einheimischen treffen sich am Stammtisch. Auf der Livebühne im »Adler-Saal« finden von Januar bis Mai und von September bis Dezember Kleinkunstveranstaltungen statt. Der Saal bietet Platz für maximal hundert Personen, und wenn er Ihnen besonders gut gefällt, können Sie ihn auch für Familien- und Betriebsfeiern sowie für Hochzeiten mieten. Seit mittlerweile über 20 Jahren treten namhafte Kabarettisten und Comedians im »Adler« auf. Einige »Große« standen hier schon auf den Brettern, bevor sie berühmt geworden sind. Im Sommer ist dann aber Biergartenzeit mit tollen Open-Air-Konzerten. An Sonn- und Feiertagen und für Veranstaltungen sollten Sie daher am besten reservieren.

Der »Adler Dietmanns« ist Mitglied der regionalen Initiative »LandZunge« und inzwischen sogar zum »LandZunge Plus«-Betrieb aufgestiegen! Dabei handelt es sich um ausgewählte Landgasthöfe, die regional und ökologisch angebaute Produkte fördern und zubereiten. Gerne auch mit einem frisch gezapften »LandZüngle«-Bier. Na dann, Prost!

Der Adler Dietmanns · Mo, Do–Sa 17–24 Uhr, So, Feiertag 11.30–24 Uhr, Di, Mi Ruhetag
Ochsenhausener Str. 44 · 88410 Bad Wurzach-Dietmanns · Tel. 0 75 64/9 12 32
www.adler-dietmanns.de · Haltestelle: Busbahnhof Wangen, Fußweg ca. 5 Min.

Gasthaus Kreuz
43
LANGNESE

IM KREUZ »DO STERBET KOINE LEIT«

2

„Daheim sterben die Leut'" ist vielleicht der wichtigste Film, der aus dem Allgäu kommt. Die Regisseure Klaus Gietinger und Leo Hiemer drehten 1984 zum größten Teil im Westallgäu. Die Kneipe, in der sich im Film die Jugend trifft, gibt es heute noch – als italienisches Restaurant.

Der Film basiert auf wahren Ereignissen und wirbelte damals entsprechend viel Staub auf. Im Wesentlichen handelt er vom Kampf des Allgäuer Landwirts Hans Allgeier gegen die Zentralisierung der Wasserversorgung. Es entwickelt sich ein grotesker Streit zwischen dem Landwirt und der Stadt. Hans Allgeier besitzt nämlich eine eigene Wasserquelle und lehnt es deshalb ab, kostenpflichtig an die Fernwasserleitung aus den Bergen angeschlossen zu werden. Dazu kommt noch, dass er künftig Wasserzins bezahlen soll. Nachdem er drei Vermesser mit der Mistgabel von seinem Grundstück vertrieben hat, lässt der Landrat kurzerhand Allgeiers Quelle zuschütten.

Daraufhin nimmt die Geschichte ihren Lauf. Neu geborene Kälber sterben im Stall, der Landrat wird von einem üblen Harndrang befallen, Allgeiers Sohn wird nach dem Geschlechtsverkehr vom leibhaftigen Teufel besucht … aber schauen Sie sich den Film doch selbst an! Er thematisiert darüber hinaus auch den Konflikt zwischen Tradition und Fortschritt sowie die Bauernschläue und die Behörden-Dummheit. Ob das Sprichwort, das Menschen dazu auffordert, mehr auszugehen, vom Film inspiriert wurde, ist nicht bekannt. Opa Allgeier begründet seinen Wirtshausbesuch jedenfalls mit dem Argument: »Drhoim sterbet d'Leit und beim Boschdwirt deannet, do isch scho achtzg Johr koiner me gschtorba!« (»Daheim sterben die Leute und beim Postwirt, da ist schon achtzig Jahre keiner mehr gestorben!«)

Im Fernsehen wurde der Film aufgrund des Dialekts mit Untertiteln ausgestrahlt. Die Kneipe, in der sich die Jugend im Film trifft, ist das »Gasthaus Kreuz«, das heute die Pizzeria »Adriatica« beherbergt.

Pizzeria Adriatica (Gasthaus Kreuz) · Mo Ruhetag · Riedhirsch 43 · 88178 Heimenkirch
Tel. 08381/890 52 23 · https://pizzeria-adriatica-gasthaus-kreuz.business.site
Haltestelle: Bahnhof Heimenkirch, Fußweg ca. 25 Min.

3 DER »GOGGLWIRT« VOM STIEFEL

Leckeren Leberkäs gibt's überall! Wenn Sie schon genug davon probiert haben, sind Sie vielleicht an einer »kulinarischen« Abwechslung interessiert. Im Allgäu gibt's nämlich außer Kühen tatsächlich auch Hühner. Natürlich blieb das auch dem TV-Kult-Kommissar Kluftinger nicht verborgen, seit Langem ist er ein Fan des »Gogglwirts«!

In Bettrichs, einer kleinen Ortschaft zwischen Legau und Altusried, gibt's seiner Meinung nach nämlich die besten Hähnchen weit und breit. Aber nicht nur er empfiehlt den »Gogglwirt« vom Gasthaus »zum Stiefel«, denn die Hähnchen schmecken wirklich mehr als gut. Das hat sich natürlich schon herumgesprochen. Und alle Schwaben wird's freuen, man bekommt sie hier noch für kleines Geld. Aber auch andere deftige und unglaublich günstige Speisen stehen auf der Karte, vom einfachen Wurstsalat über Schaschlik bis zur Currywurst. »En Guata!«

Kluftinger-Touren: Informationen beim Verkehrsverein Altusried, Tel. 0 83 73/70 51, oder der Kempten Tourist-Information, Tel. 08 31/2 52 55 22. Außerdem gibt's Bustouren inklusive Kässpatznessen. www.unterallgaeuer-gaestebegleiter.de

Es gibt aber auch ganz spezielle Getränke, und wer mutig ist, kann ja einmal eine »Schneemaß« probieren! Doch schon an der Zutatenliste werden Sie schnell erkennen, mit welcher Wirkung nach dem Genuss zu rechnen ist: sechs Kugeln Vanilleeis werden mit 10–15 Schnapsgläschen Doornkaat in einen Maßkrug gegeben, dann wird mit Orangen- oder Zitronenlimo aufgegossen und alles mit dem Schneebesen verrührt. Die Schneemaß muss gleich getrunken werden, sonst setzen sich die Zutaten wieder ab. Selbst nach einer Schneehalben sollten Sie sich nicht mehr ans Steuer setzen. Wenn Sie jetzt neugierig geworden sind, sollten Sie einen Tisch reservieren, denn abends ist immer viel los. In den warmen Jahreszeiten kann man auch im Garten sitzen.

Auf der Strecke nach Altusried geht's kurz nach Legau links ab, und schon steht man mitten in der kleinen Ortschaft Bettrichs, direkt vor dem Hähnchenparadies.

Gasthaus zum Stiefel · Mo, Do, Fr ab 17 Uhr, Sa, So durchgehend
Bettrichs 154 · 87764 Legau · Tel. 0 83 30/3 78 · www.gasthaus-stiefel.de
Haltestelle: Busbahnhof Leutkirch, Bus bis Legau, besser mit dem Auto

Gasthaus zum Stiefel

WAS DARF'S ZUERST SEIN?

4

In dem historischen Gebäude befindet sich nicht nur das gleichnamige Gasthaus, sondern auch eine Biokäserei und ein Antiquitäten- und Heimatmuseum. Übernachtet werden kann im Hotel im Neubau. 1433 erstmals erwähnt, wird die ehemalige Sägemühle heute vielfältig genutzt.

»2 Äugle gegeneinander zwischen 2 Bick grad« ist das Zeichen der Mühle. Diese Hausmarken dienten früher den Besitzern zur Bezeichnung des eigenen Hauses.

1987 erwarb die Familie Egger-Rohrmoser die »Obere Mühle« und baute sie zum Gasthaus um. Die regionalen, aber auch internationalen Spezialitäten des mehrfach ausgezeichneten Restaurants gibt es in einer originalen Stube aus dem 17. Jahrhundert. Sieben Jahre später entstand unter der Tenne eine Sennerei mit natürlichem Felsenkeller. Weil die Kühe den ganzen Sommer im Freien verbringen, klares Wasser saufen und saftige Gräser und Kräuter sowie im Winter nur Heu und mineralstoffreichen Getreideschrot fressen, wird aus der täglich frisch gemolkenen Heulandmilch Biokäse. In der Bio-Schaukäserei wird nicht nur würziger Bergkäse, es werden auch weitere Käsesorten hergestellt, die ihre Reife anschließend im hauseigenen Felsenkeller erhalten. Im dazugehörigen Laden gibt es Käse, verschiedene Marmeladen aus dem Obst der Region, Honig, Obstschnäpse, Weine und diverse Schinken- und Wurstspezialitäten.

Im angeschlossenen Café & Bistro Thein gibt es leckeren Kaffee und Kuchen, es finden aber auch verschiedene Kurse wie z. B. ein Messerschmiedekurs, und Veranstaltungen statt.

Das Angebot des Antiquitätenstadels reicht von Bauernschränken, Tischen und Stühlen über Meissner Porzellan bis hin zu alten Uhren und Schmuck.

Der Hindelanger Heimatdienst hegt und pflegt alte Traditionen und hat in den Räumen der alten Sägerei ein kleines Heimatmuseum eingerichtet, das täglich geöffnet ist.

Obere Mühle · Ostrachstraße 36–40 · 87541 Bad Hindelang · Tel. 08324/2857
www.obere-muehle.de · Haltestelle: Bahnhof Sonthofen, Bus bis Bad Hindelang, Fußweg ca. 30 Min.

PANORAMA-GASTHOF AUF DEM AUERBERG

5

Wenn Sie Bikerin oder Biker sind, werden Sie an dieser Tour Ihre Freude haben: Eine enge Kurve folgt der nächsten! Dass der Gasthof renoviert wurde, ist toll, aber eigentlich ist der Weg das Ziel. Den phänomenalen Rundblick auf die Bergwelt gibt's als Zugabe, zumindest, wenn das Wetter mitspielt, ist aber immer einen Ausflug wert!

Kein Wunder, der Panorama-Gasthof liegt ja auch 1055 Meter hoch. Im Jahr 2008 modernisiert, ist daraus ein gemütliches Gasthaus mit individueller Einrichtung, neun Zimmern, zwei Suiten und einem Restaurant mit Wintergarten geworden. Besonders die Panoramaterrasse wartet auf Besuch.

Der Gasthof ist ein Traum für Biker und sportlich ambitionierte Radler, denn die ersten 19 engen Kurven warten direkt vor der Haustür. Hier gibt es sie nämlich noch, die kleinen Sträßchen, auf denen zu fahren noch richtig Spaß macht! Aber Vorsicht, übertreiben Sie es nicht, sonst wird's teuer, vor allem bei Touren ins benachbarte Ausland!

Direkt am Gasthof beginnt eine etwa 250 Kilometer lange Bodensee-Tour. Auf verkehrsarmen Wegen geht's zuerst über Kempten nach Isny. Danach über Lindenberg und auf der Deutschen Alpenstraße nach Lindau, bekannt für die Altstadt, den Hafen und die zahlreichen Cafés. Nach einem schönen Tag in der Stadt führt die Tour wieder zurück auf der Deutschen Alpenstraße. Diesmal geht's aber erst einmal weiter bis Immenstadt und von dort aus auf kleinen, schönen Straßen über Rettenberg nach Wertach, Seeg, Roßhaupten und zurück zum Startpunkt, dem Auerberg.

Aber auch direkt neben dem Gasthof gibt es etwas zu entdecken. In der St.-Georg-Kirche kann man einen Blick in vergangene Zeiten werfen, denn sie birgt Kunstwerke wie die große frühbarocke Holzplastik des heiligen Georg im Kampf mit dem Drachen. Wenn Sie zusätzlich den traumhaften Blick von der Aussichtsplattform auf dem Kirchturm genießen möchten, müssen Sie zuerst etwas körperlichen Einsatz bringen. Denn der Aufstieg über die ächzende Holztreppe hat's in sich.

Panorama-Gasthof auf dem Auerberg · während der Saison tgl. ab 10 Uhr
Auerberg 2 · 86975 Bernbeuren · Tel. 0 88 60/2 35 · www.auerberghotel.de ·
am besten mit dem Auto oder Motorrad

6 ABSCHALTEN IM HOTEL WALDSEE

Das Dreiländereck Deutschland, Österreich, Schweiz bietet jede Menge Abwechslung. Historische Schlösser, Burgen und wunderschöne Wanderwege sind schnell erreicht. Im Hotel »Waldsee« können Sie sich aber auch einfach nur entspannen. Am glitzernden Wasser gibt es außerdem viele Möglichkeiten, sich sportlich zu betätigen. Sogar ein Tennisclub liegt nur 300 Meter entfernt. Iris und Bodo Hartmann erfüllen im Hotel gern jeden großen und kleinen Wunsch. Die Sauna und das Sanarium, inklusive Ruhebereich, wurden renoviert und warten auf den Besuch der Hotelgäste. So lassen Sie entspannt den Alltag hinter sich!

Hotel Waldsee · Austraße 41 · 88161 Lindenberg i. Allgäu · Tel. 08381/92610 · www.hotel-waldsee.de · Haltestelle: Bus bis Abzw. Schulzentrum Lindenberg, Fußweg ca. 15 Min.

7 ALLES KÄSE IN LINDENBERG

Alles Käse? Ja, denn jedes Jahr Ende August ist es wieder so weit: Mitten in Lindenberg treffen Käsefreunde auf feinsten heimischen und internationalen Käse. Traditionell kommen jedes Jahr am letzten August-Wochenende Käsehersteller aus verschiedenen Ländern wie Deutschland, Österreich, der Schweiz, Frankreich, Italien, den Niederlanden, aber auch aus Irland, Ungarn und Marokko zusammen. Inzwischen zählt das »Käse- und Gourmetfest« zu den größten Festen dieser Art in ganz Deutschland. Auf 500 Metern bieten dann rund 80 Teilnehmer ihre Köstlichkeiten an, und mit seinem abwechslungsreichen Veranstaltungsprogramm zieht das Fest jährlich unzählige Besucher in die Sonnenstadt Lindenberg. Wenn das keinen Besuch wert ist.

Internationales Käse- und Gourmetfest · Käsemeile Stadtmitte · 88161 Lindenberg i. Allgäu
Tel. 08381/80328 · www.westallgaeuer-kaesestrasse.de
Haltestelle: Busbahnhof Lindenberg, Fußweg 10 Min.

MILD-WÜRZIG
Appenzeller
SCHNITTKÄSE
Appenzeller
SWITZERLAND
KÄSE 3,-€

EINE NACHT IM SCHNEE

8

Wer Schnee mag und gern an ungewöhnlichen Plätzen übernachtet, wird Ende Dezember auf dem Nebelhorn fündig. Denn schon seit 2003 werden hier Iglus in der klassischen Blockbauweise gebaut, und mit etwas Glück können Sie sogar beim Bauen helfen. Eine Übernachtung im Iglu-Hotel ist in jedem Fall ein ganz besonderes Erlebnis.

Die ersten großen Iglu-Events im Winter 2008/09 kamen so gut an, dass spontan die Idee entstand, eine Iglu-Lodge ins Leben zu rufen. Eine Mischung aus Wohlfühlatmosphäre und Exklusivität sollte sie bieten und ein spezielles Abenteuer in der freien Natur werden. Der erste Entwurf zum Bau auf dem Skigebiet des Nebelhorns lag schließlich im Jahr 2009 auf dem Tisch. Schon im Oktober desselben Jahres wurde die »IgluLodge« gegründet und mit den Arbeiten begonnen. Pünktlich zum Jahresende wurde sie dann im Rahmen einer ausgebuchten Silvesterfeier eröffnet. Seit 2010 stehen die Iglus jedes Jahr unter einem anderen Motto und sind entsprechend kunstvoll verziert.

Wenn Sie jetzt neugierig geworden ist, sollten Sie aber auf jeden Fall rechtzeitig buchen, denn die wenigen Iglus sind jedes Jahr schnell vergeben. Oben angekommen, werden Sie von einem Iglu-Guide im Bergrestaurant »Höfatsblick« abgeholt. Nach 200 Metern Fußmarsch folgt eine kurze Einführung, und bei leckerem Glühwein werden die verschiedenen Einrichtungen der Lodge vorgestellt. Im Anschluss beziehen Sie dann Ihren Iglu und können den atemberaubenden Blick und den Sonnenuntergang über den Allgäuer Alpen genießen. Am Abend gibt's zum gemeinsamen Abendessen ein, was sonst, ein typisches Allgäuer Käsefondue. Danach ein heißes Bad im Whirlpool gefällig? Der Sternenhimmel ist umsonst. So steht einem gemütlichen Abend mit Glühwein und Tee nichts mehr im Weg. Am nächsten Morgen gibt es zum Wachwerden erst einmal einen warmen Tee im Schlafsack und ab 9 Uhr dann Frühstück im Bergrestaurant »Höfatsblick«. Wer möchte, kann auf Wunsch den Heimweg per Fallschirm antreten.

IgluLodge · Allgäu Events GmbH & Co. KG · jährlich 28. Dez.–März/April
Samuel-Bachmann-Straße 1 · 87527 Sonthofen · Tel. 0 83 21/80 03 00 · www.iglu-lodge.de
Haltestelle: Bahnhof Oberstdorf, Fußweg zur Nebelhornbahn-Talstation ca. 15 Min.

9

COOLER SOUND IM »RASTA«

Wer auf den Sound der Siebziger steht, ist hier richtig, in der Tanzbar »Rasta« in Leutkirch, das eigentlich »Nachtcafé Alcazar« heißt. Das besondere Lokal hat noch einiges mehr zu bieten, nämlich ein Restaurant mit leckerem Essen, Live-Auftritte und unterschiedliche Themenpartys.

Wenn die Einheimischen sagen, lass uns ins »Rasta« gehen, meinen sie eigentlich ins »Alcazar«. Denn so heißt die Tanzbar im Untergeschoss des Nachtcafés. Die Musik wird noch von Hand gemacht und ist für die Betreiber die höchste Form künstlerischer Darbietung. Deshalb wird hier auch noch »richtige« Musik gespielt, die bei den Themenpartys von Mozart bis System Of a Down, von Elvis bis Sinéad O'Connor und von Led Zeppelin bis Bob Marley reicht. Deutsche Titel fehlen dabei ebenso wenig wie Worldmusic, Funk, House, R'n'B und Indie-Pop. Das volle Programm eben! Dass die Jugendlichen aber auch nicht zu kurz kommen, dafür wird gesorgt. Freitags ist der Eintritt ins »Rasta« nämlich schon ab 16 Jahren erlaubt, am Samstag hingegen erst ab 18. Dann wird unter dem Motto: »ALCAZAR SAMSTAGNACHT« auch ein ständig wechselndes und hochkarätiges Programm mit Kleinkunst, Live-Auftritten und Disco-Partys geboten.

Das »Rasta«, beziehungsweise die Räumlichkeiten der Tanzbar können Sie auch für eigene Veranstaltungen mieten. Wobei »mieten« eher der falsche Ausdruck ist. Denn es kostet nichts, ganz im Gegenteil, sogar der gesamte Eintritt geht an den Veranstalter. Einzige Voraussetzung ist, dass diese »Fremdveranstaltungen« kräftig beworben werden und mindestens 50 Gäste kommen, die gute Laune mitbringen und entsprechend Umsatz machen. Das Personal wird ebenfalls gestellt. Für den passenden DJ, eventuelle Lichteffekte oder Aktionen wie Happy Hour, spezielle Drinks oder Bands muss jeder Veranstalter aber logischerweise selbst sorgen. Denn bei so viel Entgegenkommen ist auch Eigeninitiative des jeweiligen Veranstalters gefragt.

Rasta Tanzbar im Nachtcafé Alcazar GmbH · Fr, Sa ab 21 Uhr, So ab 11 Uhr
Campingweg 5 · 88299 Leutkirch i. Allgäu · Tel. 0 75 63/91 58 43 · www.cafe-alcazar.de
Haltestelle: Bahnhof Leutkirch, Bus bis Tautenhofen, Fußweg ca. 60 Min., besser mit dem Auto

Schoko - Kuhfladen - Manufaktur
Verkauf hier aus der Produktion
www.schoko-kuhfladen.de

KUHMILCH MAL ANDERS 10

In Sigishofen wird sie hergestellt, die einzigartige Allgäuer Kuhmilchseife. Kuhmilch ist die weltweit am häufigsten vorkommende Milchsorte und wird seit jeher gern zur Körperpflege und als Badezusatz verwendet. Hier ist sie ein Zusatzstoff bei der Seifenherstellung. Ursprung und Natürlichkeit ist der Firma HolzAlpe wichtig. Denn durch Beigabe von Kuhmilch entsteht eine cremige Naturseife, die fettet und vor allem für trockene Problemhaut geeignet ist. Im Werksverkauf gibt es aber auch Geschenke und Deko-Artikel, die aus verschiedenen Laub- und Nadelhölzern gefertigt werden. Jeden Tag findet zudem eine Führung durch die Produktion statt.

Die HolzAlpe · Mo–Fr. 9.30–18 Uhr · Sigishofen 56 · 87527 Ofterschwang · Tel. 0 83 21/6 18 56 44
www.die-holzalpe.de · Haltestelle: Bahnhof Sonthofen, Bus bis Sigishofen, besser mit dem Auto

»SCHOKO-KUHFLADEN« 11

In einem unscheinbaren Laden ist sie untergebracht, die Schoko-Manufaktur. Hier lässt sich die experimentierfreudige Chefin Michaela Milz ständig neue und witzige Geschenkideen aus Schokolade einfallen. Der Verkaufshit sind aber ihre »Schoko-Kuhfladen«, die es, wie die meisten anderen Leckereien auch, aus verschiedenen Schokoladensorten und mit unterschiedlichen Zutaten zu kaufen gibt. Hergestellt aus Edelvollmilchschokolade, mit Haselnüssen und diversen Dinkelflakes und -pops. Sogar die Verpackungen sind selbst entworfen. Für Leckermäuler eine der ersten Adressen im Allgäu. Kein Wunder, dass die Zahl der Fans stetig steigt und Michaela Milz schier nicht mehr mit der Produktion nachkommt.

Schoko-Kuhfladen-Manufaktur · Mo–Fr 13.30–18 Uhr
Am Angerl 1 · 87527 Sonthofen-Altstädten · Tel. 0 83 21/7 80 48 48 · www.schoko-kuhfladen.de
Haltestelle: Bahnhof Sonthofen, Bus bis Altstätten, besser mit dem Auto

12 BUDDHAS IM ALLGÄU

Kaum zu glauben, dass das ein Geschäft in Lindau ist und nicht ein asiatischer Tempel. Denn zwischen all den Buddha-Figuren, Klangschalen und Räucherstäbchen überkommt Sie schnell das Gefühl, Sie seien in Asien. Eines ist aber sicher, eine solche Vielfalt finden Sie nicht alle Tage und nicht überall.

Schon in vorchristlicher Zeit wurde auf der Seidenstraße kultureller Austausch betrieben. Aber nicht nur aus Asien wurden Waren und Wissen nach Europa transportiert. Die Feldzüge von Alexander dem Großen brachten die griechische Kunst vor allem in die Region des heutigen Afghanistans. Angelehnt an den Stil griechischer Statuen entwickelte sich dort und in Indien der buddhistische Gandhara-Stil. Schon im 5. Jahrhundert n. Chr. entstanden Buddha-Statuen mit lockigem Haar und nachdenklichen Gesichtszügen, die für die buddhistische Kunst ganz Asiens maßgeblich waren.

Die bekannten Figuren stammen aus dem alten Siam, dem Reich der Khmer, aus Japan, China und Tibet. In Nepal hat sich damals sogar ein ganz eigener Stil entwickelt. Aus all diesen Regionen sind zahlreiche Figuren in der Galerie in Lindau gleich neben dem alten Rathaus zu sehen. Bestimmt hätten Sie nicht damit gerechnet, ausgerechnet im Allgäu auf eine asiatische Fundgrube wie den Buddhapalace zu stoßen. Aber das Geschäft gilt bei den Liebhabern der Buddha-Figuren sogar als eines der bestsortierten Deutschlands. Grüne und weiße Tara, Haushüterlöwen, Garuda, der Vogelmensch Kinnari, sogar der weibliche Buddha des Mitgefühls Kwan Yin (oder Kuan Yin) und noch vieles andere befindet sich in dem Laden, der eher an ein Museum erinnert.

Bei den meisten der im Galerieraum gezeigten Figuren handelt es sich um Einzelstücke, deren Verfügbarkeit begrenzt ist. Aber aufgrund der vielen Figuren im Geschäft fällt die Wahl sicher nicht allzu schwer, denn vom erschwinglichen Glücksbuddha bis hin zum alten Buddha ist hier praktisch alles zu haben.

Galerie Buddhapalace · Mo–Fr 11.30–17.30 Uhr, Sa 10.30–13 Uhr
Ludwigstraße 26/Ecke Reichsplatz · 88131 Lindau · Tel. 0 83 82/2 77 60 82 · www.buddhapalace.de
Haltestelle: Bahnhof Lindau, Fußweg ca. 15 Min.

TRADITIONELLES AUS HOLZ

13

»Holz ist einfach ein schönes Material!« Damit ist eigentlich schon alles gesagt. Simone Beuße hat den Schritt in die Geschäftsführung der traditionsreichen Holzschnitzerei keinen Tag bereut. Vom Werkzeug bis zur vergoldeten Holzskulptur, hier gibt es alles, was das Schnitzer-Herz begehrt!

Simone Beuße kam schon früh mit Holz in Berührung, denn als Kind war sie recht oft in der Werkstatt ihres Großvaters in der Holzschnitzerei Dienewald. Im Alter von nur 29 Jahren hat sie im Jahr 2004 dann den Betrieb übernommen. Obwohl sie sich eigentlich hauptsächlich um die Verwaltung und den Ladenverkauf kümmert, weiß sie ganz genau, wie aus einem Stück Holz eine Figur entsteht. Die grob geschnitzten Figuren kommen zunächst als Rohling wieder zurück in die Werkstatt, wo die Feinarbeit dann von freischaffenden Kunstschnitzern übernommen wird. Dabei hat natürlich jeder Holzkünstler seinen eigenen Stil und wird je nach Bedarf von Beuße eingesetzt. Arbeiten wie das Vergolden und Bemalen der Figuren werden oft von Simone Beuße selbst und ihren Mitarbeiterinnen ausgeführt. Die schönsten der so entstandenen Arbeiten können dann nahe der Wallfahrtskirche Maria-Hilf im Stammhaus im Ortsteil Speiden bewundert und gekauft werden. Hier wird auch ganzjährig eine besondere Krippenausstellung gezeigt. Es gibt 60 verschiedene Ställe von alpenländisch bis modern zu entdecken, und die Figuren haben eine Größe von 8 bis 80 Zentimetern.

Zur Kundschaft zählen nicht nur Käufer von Figuren, ein großer Teil sind auch Hobbyschnitzer, die hier lediglich ihr Material kaufen. Einheimische und auch Kunden aus Österreich, der Schweiz und sogar Amerika bestellen hier ihre Rohlinge. Extra dafür wurde ein spezielles Außenlager im Eisenberger Ortsteil Osterreuthen errichtet.

Es gibt hier alles, was das Schnitzer-Herz begehrt. Rohlinge von Madonnen, Engeln, religiöse und profane Figuren, Tiere, Wandreliefs und selbstverständlich Krippen in verschiedenen Ausführungen.

Holzschnitzereien Beuße · Mo–Fr 9–12, 13–18 Uhr, Sa 9–12 Uhr
Dolder Straße 2 · 87637 Eisenberg-Speiden · Tel. 0 83 64/4 32 · www.holzschnitzereien-beusse.de
Haltestelle: Bahnhof Hopferau, Fußweg ca. 15 Min.

14 DAS »GEPFEFFERTE ÄRSCHLE«

Schäme sich, wer etwas anderes vermutet. Pikantes verbirgt sich zwar hinter dem Namen, aber nur in geschmacklicher Hinsicht. Beim »Gepfefferten Ärschle« handelt es sich nämlich um einen sehr aromatischen Käse mit angenehmer Schärfe. Dass er so gut schmeckt, verdankt er einer wohldosierten Menge Madagaskarpfeffer.

Mit Biss und trotzdem cremig, so wird die Zurwieser Spezialität erst nach sorgfaltiger Pflege mit Rotschmiere, wodurch sie auch ihr pfeffriges Aroma erhält. Das »Gepfefferte Ärschle« ist eine der vielen Käsesorten der Bio-Käserei am Rande von Wangen. 100 Meter über Deuchelried werden in dem kleinen Betrieb in Handarbeit und ohne Zusatzstoffe täglich zahlreiche Weichkäsespezialitäten hergestellt.

Bereits 1899 wurde das Käsereilokal erbaut. 1990 haben es die Käsemeister Anton Holzinger und Richard Kurzweil übernommen und zur Produktionsstätte für Weichkäse umgebaut. Schon ein Jahr später lieferten sie ihren ökologischen Käse an Fachgeschäfte in der Region und an Bioläden in ganz Deutschland. Bis zu 5000 Liter frischer Biomilch werden täglich zu 22 Käsesorten verarbeitet. Diese Milch stammt von Biobauern aus und um Wangen, die alle nach den Richtlinien von Bioland und Demeter produzieren. Guter Käse kann halt nur aus guter Milch gemacht werden.

Ob er so gut schmeckt, weil Zurwies den Bauern zu den üblichen Milchpreisen noch Qualitäts-, Fütterungs- sowie Biozuschläge bezahlt, ist nicht belegt. Dass die höheren Erlöse und die fairen Milchpreise aber dazu beitragen, dass die Agrarstruktur und die Kulturlandschaft im Allgäuer Raum besser erhalten werden können, schon. In der Zurwies-Schaukäserei können Sie sich selbst davon überzeugen und den Mitarbeitern beim Käsen über die Schulter schauen. Die großen Fenster der Käserei bieten jeden Morgen die Gelegenheit dazu, und Besucher sind herzlich willkommen! Natürlich gibt es den Käse hier auch direkt zu kaufen, aber auch im Fachhandel, auf Wochenmärkten oder im Internet (www.allesbiokaese.de).

Käserei Zurwies GmbH · Zurwies 11 · 88239 Wangen i. Allgäu · Tel. 0 75 22/55 81
www.zurwies.com · Haltestelle: Bahnhof Wangen, Bus bis Deuchelried,
Fußweg ca. 25 Min., besser mit dem Auto

Gepfeffertes
Ärschle

Franz Ott
GESCHENKARTIKEL
OBST-ERFRISCHUNGEN
BIN IM GARTEN

DAS LETZTE »TANTE EMMA«-KAUFHAUS

15

»Tante Emma«-Läden werden immer seltener, aber in Wolfegg gibt es noch einen. Und was für einen, nämlich gleich ein ganzes Kaufhaus. Das Ehepaar Ott betreibt es schon seit Jahrzehnten, und hier gibt es nichts, was es nicht gibt, sonst wird es besorgt. Selbst wenn Sie gar nichts kaufen möchten, sollten Sie diesen Laden besuchen!

Egal, ob Sie vergessen haben, Brot einzukaufen, oder für einen bestimmten Anlass frische Blumen brauchen. Ja, selbst wenn die passende Vase für die Blumen fehlt oder verliebte Pärchen spontan ein Stelldichein haben, alles kein Problem im Kaufhaus Ott. Hier gibt's so ziemlich alles, was im Alltag benötigt wird, und noch viel mehr. Der Slogan des Hauses »Es gibt nichts, was der Ott nicht hat oder besorgen kann«, ist keine leere Worthülse, sondern schlichtweg wahr. Seit inzwischen über 110 Jahren können dort nämlich Kunden auf 200 Quadratmetern aus einer solchen Fülle an Produkten wählen, die sogar heute ihresgleichen sucht. Um sich auch nur einen kleinen Überblick über das Angebot des Kaufhauses zu verschaffen, braucht man viel Zeit und Muße.

Sicher wird jeder Besucher etwas finden, auch wenn er es gar nicht gesucht hat. Alles aufzuzählen ist aber gar nicht möglich. Schreibwaren, Kerzen, Bücher, Dekoartikel, Geschirr, Töpfe, ja sogar Kleidung gibt es und Bio-Produkte wie Tee, Schokolade und Kaffee in großer Auswahl. Alles ausgesuchte Dinge, die nicht überall zu finden sind. Eine besondere Fundgrube ist auch die Kurzwarenabteilung, denn selbst in Städten müssen wir doch lange suchen, um überhaupt noch eine zu finden. Und für die Blumen-Arrangements, Gestecke und Kränze – das besondere Hobby von Maria Ott – kommt die Kundschaft von weither.

Das Kaufhaus Ott ist eine Mischung aus Flohmarkt, Kolonialwaren- und Lebensmittelladen mit integrierter Bäckereifiliale. Letztere bietet sogar tagesfrische, sehr leckere Bio-Backwaren aus regionaler Herstellung an. Hier in Wolfegg ist eine bodenständige Nahversorgung erhalten geblieben. Und ein Besuch fühlt sich ein wenig an wie ein Sprung in längst vergangene Zeiten.

Kaufhaus Ott · Mo, Di, Do, Fr 8–12.30, 14.30–18.30 Uhr, Mi, Sa 8–12.30 Uhr
Wette 1 · 88364 Wolfegg · Tel. 07527/6862 · Haltestelle: Bahnhof Wolfegg, Fußweg ca. 15 Min.

16 DIE KUNST DER GLASBLÄSEREI

Es muss nicht gleich Venedig sein. Das alte Allgäuer Glasmacherdorf Schmidsfelden erstrahlt seit 1997 auch wieder in neuem Glanz und die mundgeblasenen Produkte nicht weniger! Auch das besondere Flair dieses Dörfleins und die Veranstaltungen machen Ihren Besuch zum Erlebnis.

Der Glasbläser Stefan Michaelis hat sich mit der Manufaktur in Glas in Schmidsfelden einen Traum erfüllt. Seit 2003 lässt er die alte Kunst des Glasmachens an diesem historischen Ort wieder aufleben. Nach dem Abitur, der Ausbildung und zwei Jahren Tätigkeit als Glasapparatebauer ging's 1991 zum Designstudium nach England. Als er das Studium erfolgreich abgeschlossen hatte, eröffnete er ein eigenes Atelier in London. Von 1996 bis 2002 lebte er in Edinburgh und kam 2003 nach Schmidsfelden, wo er die Manufaktur in Glas eröffnete. Hier fertigt er Unikate, Originale und Kleinserien an. Das frei geformte Glas ist die Spezialität von Stefan Michaelis, die es nur in Schmidsfelden gibt.

Nach einem Spaziergang durch das Dorf können Sie den Tag im »Café Remise« gegenüber dem einstigen Herrenhaus ausklingen lassen. Angeboten werden unterschiedliche Tagesmenüs, leckerer Kuchen und die Getränke – natürlich in historischen Gläsern.
www.remise-burgkaffee.de

Im Dorf wurde im originalgetreu nachgebauten Anbau der Glashütte ein Glasmuseum eingerichtet, das die Geschichte der Glasmacherei veranschaulicht, und 1999 wurde mit der Renovierung des mächtigen Glasmagazins begonnen. Seitdem werden dort jede Menge alter Gläser, Fotos und Stücke zur Umweltgeschichte der Adelegg gezeigt. Durch die Arbeit von Stefan Michaelis als Glasbläser, das Dorf und das Museum gerät die Glasgeschichte des Allgäus nicht in Vergessenheit. Das alte Glasmacherdorf ist wieder neu entstanden und mit den Führungen und Vorführungen, dem Glasmacherfest und den regelmäßig stattfindenden Märkten zu einem beliebten Ausflugsziel geworden.

Manufaktur in Glas Stefan Michaelis · Ostern–Mitte Nov. Di–Fr 10–12.30, 14–17 Uhr, Sa 14–17, So 10–17 Uhr · **Glashütte Schmidsfelden** · Schmidsfelden 9 · 88299 Leutkirch Tel. 07567/182042 · www.schmidsfelden.net · Bhf. Leutkirch, Bus bis Schmidsfelden

15
Glasperlen Studio
handgedrehte Glasperlen
textile Accessoires
aus eigener Herstellung
SchmuckStück

die Remise

Augustiner Biere
Edelstoff
Helles
Dunkles
Weißbier
Weißbier alkoholfrei
Efes
Glühwein
Türkisch
Feinko
Edelstoff
Helles
Dunkle

FRISCHE LEBENSMITTEL UND LECKERE SNACKS

17

Wenn sich der kleine Hunger meldet, ist das ein kulinarischer Geheimtipp. Im Gewölbe des alten Feuerwehrhauses gibt es nämlich alles, was der Bauch begehrt. Wo anfangen und wo aufhören? Am besten probieren Sie sie alle, die Köstlichkeiten. In der Mittagszeit ist hier recht viel los. Guten Appetit!

In der Markthalle in Füssen kommen die Menschen schon seit Langem zusammen, um zu essen und zu trinken. Am Schrannenplatz traf man sich nämlich schon im Mittelalter, denn das 1483 im spätgotischen Stil erbaute Kornhaus diente damals, wenn kein Markt war, als Getreidelager. Zwischenzeitlich wurde es auch als Feuerwehrhaus genutzt, doch 1998 eröffnete in den Gewölben des Erdgeschosses diese wunderbare Markthalle.

Die Lage, mitten in der Altstadt mit all den engen Gassen, war für die großen Feuerwehrautos denkbar ungünstig, und nachdem die Einsatzfahrzeuge immer mehr Mobiliar der örtlichen Cafés platt gefahren hatten, zeigte sich die Feuerwehr schließlich einsichtig und zog um. Seitdem können Sie hier nach Herzenslust probieren, einkaufen und gemütlich einkehren. Vor allem samstags ist die Halle ein beliebter Treffpunkt für Touristen und Einheimische. Hier werden internationale Leckereien und Spezialitäten aus dem Allgäu angeboten, vom Biobrot über frischen Fisch bis zu orientalischen Köstlichkeiten und speziellen Weinen.

Allgäuer Honig, Wurst- und Käsespezialitäten oder kleine Snacks wie Weißwurst und Wurstsalat gibt's im »Gschmacksach«, dem Feinkoststand von Familie Ullmann. Die Fischhandlung Geiger bietet eine reichhaltige Auswahl an frischem Fisch, und bei Feinkost Gökbayrak sind türkische und griechische Leckereien sowie Wein und Tee zu finden. Wenn Sie Früchte aus aller Welt, Gemüse und Kräuter aus regionalem Anbau oder frische Bio-Produkte suchen, sind Sie in der »Fruchtoase Kara« richtig. Einen leckeren Espresso nach all der Schlemmerei können Sie anschließend in der »Espresso-Pils-Bar-Ludwig« trinken. Viel Vergnügen!

Markthalle Füssen · Mo–Fr 8–20 Uhr, Sa 8–15 Uhr · Schrannengasse 12 · 87629 Füssen
Tel. 08362/93850 · www.fuessen.de/kultur-und-kulinarik/markthalle.html
Haltestelle: Bahnhof Füssen, Fußweg ca. 5 Min.

RAPUNZEL
gentechnikfreie
Zone
Laden
Parkhaus
LKW
Trucks
RAPUNZEL

BAUERNHOFERLEBNIS FÜR DIE GANZE FAMILIE

18

Auf dem Hofgut Ratzenberg in Lindenberg wird Nachhaltigkeit für die ganze Familie zum Erlebnis und Geschmack vereint sich mit Qualität aus artgerechter Haltung. Inmitten von Wiesen, Wäldern und Weiden beginnen Sie Ihren Erlebnistag am besten mit einer Hofführung, um alle Highlights zu erkunden: Vom Hofladen über die Metzgerei, Käserei, Brennerei bis zur Hofwirtschaft stehen alle Angebote im Zeichen von Nachhaltigkeit und Bio-Landwirtschaft. Auf einem kinderwagenfreundlichen Rundweg erleben Sie Allgäuer Auerochsen, Westallgäuer Weideschweine und reichlich Federvieh. Wie wär's anschließend mit einer herzhaften Brotzeit mit hofeigenen Wurst- und Käsespezialitäten und einem kühl gezapften Bier?

Hofgut Ratzenberg · Bio-Hofladen: Mi–Sa 9–19 Uhr, 24h-Automat, Bio-Hofwirtschaft: Mi–Fr 14–22, Sa, So, feiertags 10–22 Uhr, Führungen: Do–Sa nach Vereinbarung · Sedanstraße 57 · 88161 Lindenberg im Allgäu · www.ratzenberg.de · Tel. 08381/912 35 10 · Anfahrt am besten mit dem Auto

ALLES BIO BEI RAPUNZEL

19

Im bayerischen Augsburg gründeten Joseph Wilhelm und Jennifer Vermeulen 1974 eine Selbstversorgergemeinschaft mit kleinem Naturkostladen. Daraus hat sich ein international agierendes Unternehmen mit 300 Mitarbeitern und ca. 140 Millionen Euro Jahresumsatz entwickelt. Die Unternehmensphilosophie von Rapunzel lautet damals wie heute: »Wir machen Bio aus Liebe«. Die Geschichte von der Gründung bis heute wird im hauseigenen Museum gezeigt. Im Rapunzel-Laden in Legau gibt es auf 240 Quadratmetern das gesamte Rapunzel-Sortiment sowie frisches Obst und Gemüse, eine Käsetheke mit regionalen Produkten und täglich frisches Brot von Bäckereien der Region sowie ausgewählte Bio-Weine und eine gut sortierte Kosmetikabteilung.

Rapunzel Naturkost GmbH · Laden Mo–Fr 8–18 Uhr, Sa 8–12.30 Uhr · Rapunzelstraße 1 · 87764 Legau · Tel. 0 83 30/52 90 · www.rapunzel.de · Haltestelle: Busbahnhof Leutkirch, Bus bis Legau, besser mit dem Auto

20 SPINNEN AUF DEM FINKHOF

Seit seiner Gründung in Isny hat der Finkhof so einiges erlebt. Für die ersten Schafe wurde noch gesammelt und 1977 der erste Film über den Hof gedreht. Zwei Jahre später gründeten zwölf der Bewohner die Schäfereigenossenschaft in Arnach. Seitdem spinnen hier fast alle Schafwolle.

Gegenüber dem Wohnhaus, dem ehemaligen Gasthaus »Adler«, befinden sich heute das Versandgebäude und der Hofladen. Von September bis April geht es hier hoch her, die Schafe stehen dabei natürlich im Mittelpunkt. Nach der Schur geht es an die Weiterverarbeitung der Wolle. Viele Produkte haben eine lange Vorlaufzeit, denn es wird gewebt, gestrickt, gefärbt, gewalkt oder ein neuer Schnitt ausprobiert. Von der Gerberei kommen viele Felle in den Direktverkauf, beschädigte werden dagegen in der Fellnäherei zu Fellschuhen, Rückenwärmern, Kuschelkissen, Fahrradsattelbezügen oder Fellauflagen verarbeitet. Seit mehr als 20 Jahren gibt es jetzt schon die »Märchenwolle«, Wollgarne, die im Sommer für den Laden und die Weberei gefärbt werden. Aus dieser Handweberei stammen auch die mit Sorgfalt hergestellten Schals oder Türvorhänge aus Filz.

Wolle und Fleisch stehen zwar immer noch hoch im Kurs, die Landschaftspflege mit 650 Mutterschafen rückt aber immer mehr in den Vordergrund und hilft, die Kulturlandschaft der Schwäbischen Alb zu erhalten. Die Schäferei ist im Übrigen ein anerkannter Ausbildungsbetrieb und arbeitet nach den Bioland-Richtlinien.

Der Hofladen hat ebenfalls eine spannende Vergangenheit. War er anfänglich noch das Dorfgefängnis, wurde er später als Schweinestall und schließlich als Bäckerei genutzt. Heute können Sie hier das gesamte Schafwolle-Angebot anschauen und anprobieren. Da Beratung großgeschrieben wird, ist es sinnvoll, vor einem Besuch anzurufen – dann nimmt sich das Team gerne Zeit. Ein Besuch ist sicher ein Erlebnis, aber alle Produkte können Sie auch telefonisch oder via Internet bestellen.

Schäfereigenossenschaft Finkhof eG · Mo–Fr 9–12, 14–18 Uhr, Sa 9–13 Uhr
St.-Ulrich-Str. 1 · 88410 Bad Wurzach · Tel. 07564/931711 · www.finkhof.de
Haltestelle: Bahnhof Leutkirch, Bus bis Arnach

DA WILL ICH HIN

TRADITION, KULTUR, MODERNES LEBEN

Drogen
Achim
Hofer
6
ACHIM HOFER
Geigenbaumeister
Neubau - Restauration
und Handel von
Streichinstrumenten & Bögen
Weltladen
Weltladen
Weltladen

VIOLINEN AUS DEM ALLGÄU

21

In ganz Europa gilt die Füssener Schule des Lauten- und Geigenbaus als die älteste ihrer Art. Der aus einer Kemptener Musikerfamilie stammende Achim Hofer folgt dieser Tradition und erlernte die hohe Kunst des Geigenbaus. Faszinierend, was aus einem Stück Holz werden kann!

Urkundlich erwähnt wurde der erste Lautenmacher in Füssen im Jahr 1436, wobei anzunehmen ist, dass bereits im 13. Jahrhundert Saiteninstrumente gebaut wurden. Viele Füssener Geigenbauer waren aber gezwungen, ihr Glück im Ausland zu suchen. Denn in der Zunftordnung der Lautenmacher aus dem Jahr 1562 war festgelegt, dass nur 20 Meister zur selben Zeit in Füssen arbeiten durften. Daher stammten alle bedeutenden Lautenmacher-Familien der Renaissance ursprünglich aus Füssen und dessen Umland.

Doch auch nachdem Füssen im 17. und 18. Jahrhundert durch den Geigenbau wieder zu neuer Bedeutung gelangt war, verließen die Handwerker die Stadt und zogen in die großen Städte Europas. Sie wollten ihre Kunst an möglichst viele Schüler weitergeben. Mit dem Geigenbauer Achim Hofer und zwei weiteren Kollegen sowie einem Zupfinstrumentenmacher-Meister hat sich das Handwerk heute wieder in Füssen angesiedelt.

Der 1963 geborene Achim Hofer folgte der Tradition und fand seine Liebe zum Geigenbau 1983. Damals begann er eine Ausbildung bei Matthias Klotz in Mittenwald, einem direkten Nachfahren der berühmten alten Geigenbauerfamilie Klotz. In den folgenden Jahren konnte er seine Fertigkeiten in der hohen Kunst des Geigenbaus und der perfekten Restaurierung bei namhaften Geigenbauern in Deutschland, England und den USA optimieren. Im Jahr 1992 gründete er seine Werkstatt in Füssen, 1993 eröffnete er sein Ladengeschäft und 2000 eine Filiale in München. Mit seinem handwerklichen Können und dem Willen zur Perfektion baut er seitdem Instrumente, die in Harmonie und Ästhetik einzigartig sind. Seine Spezialität ist aber die Restaurierung alter Instrumente.

Achim Hofer Geigenbau · Brotmarkt 6 · 87629 Füssen · Tel. 0 83 62/3 97 93
www.hofer-violins.de · Haltestelle: Bahnhof Füssen, Fußweg ca. 5 Min.

22 VON BAUERN UND SCHÜTZEN

Können Bauernhöfe spannend sein? Ja klar, denn bei Illerbeuren lassen Häuser aus vier Jahrhunderten die schwäbische Geschichte lebendig werden. Beim Rundgang über das weite Gelände von Kronburg gibt es viel Interessantes über die Landwirtschaft zwischen Allgäu und Ries zu entdecken.

Das bereits im Jahr 1955 eröffnete Freilichtmuseum ist das erste seiner Art im Süden Deutschlands. Es bringt den Besuchern die ländliche Baukultur der letzten 400 Jahre am Beispiel komplett eingerichteter Höfe und Bauernhäuser näher.

Gezeigt werden aber auch Sammlungen verschiedener Gerätschaften, spezielle Ausstellungen und so manches mehr, das zum Verständnis der ländlichen Kulturgeschichte beitragen soll. Man erfährt aber auch etwas darüber, wie es möglich ist, die Häuser »am Stück« zu versetzen. Dieses aufwendige Verfahren, die sogenannte Translozierung, wird anhand des »Hausumzugs« der Sölde Siegertshofen aus dem Jahr 1669 aus dem Augsburger Umland dokumentiert. Gleich nebenan werden die Veränderungen, die die Weiterentwicklung in der Stallhaltung mit sich brachte, am Beispiel eines Schweinestalls aus Lauben im Landkreis Unterallgäu gezeigt.

Das Schwäbische Schützenmuseum, das vorher lange Zeit im Pfarrstadl von Illerbeuren untergebracht war, finden Sie nach seinem Umzug ebenfalls hier. 2016 soll sogar ein neues Schützenkompetenzzentrum mit Schützenmuseum eröffnet werden. Heute wird im Schützenmuseum unter anderem die Vielfalt des Schützenwesens gezeigt. Zahlreiche Exponate zeigen die Entwicklung von der Armbrust zur Luntenschlossmuskete, Pistolen und Zimmerstutzen sowie moderne Präzisionsgeräte. Außerdem sind Fahnen, Pokale sowie kleine Abzeichen ausgestellt, die vom Brauchtum und dem regen Vereinsleben der Schützen zeugen. Einige der Schützenscheiben stammen aus dem 16. Jahrhundert. Bis heute beauftragt das Museum namhafte Künstler aus Schwaben mit der Gestaltung der Ehrenscheiben.

Schwäbisches Bauernhofmuseum Illerbeuren · März tgl. 10–16 Uhr, April–Mitte Okt. tgl. 9–18 Uhr, Mitte Okt.–Ende Nov. tgl. 10–16 Uhr, Mo geschl. · Museumstraße 8 · 87758 Kronburg-Illerbeuren · Tel. 0 83 94/9 26 01 19 · www.bauernhofmuseum.de · Bhf. Memmingen, Bus bis Illerbeuren

EISENBAHN
MUSEUM & LADEN
MARKTOBERDORF-ALLGÄU
MINERALIEN
FÜR SIE GEÖFFNET
DI - FR - / 14 - 18 UHR
SA + SO 10 - 17 UHR
SONNTAGS NUR MUSEUM GEÖFFNET
MONTAGS GESCHLOSSEN
MARKTOBERDORF

SCHAFFNER IM ALLGÄU

23

Hier werden Kinderträume wahr! Welcher Junge (oder Alte) hat nicht schon einmal davon geträumt, Lokführer zu werden, wenn auch nur von einer Modelleisenbahn? Ein renovierter Jugendstilbau, eine Bahnanlage aus den Fünfzigern, nahezu alle Märklin-H0-Modelle und verschiedene Themenvitrinen warten auf Besuch!

Im Allgäu gibt es mittlerweile viele Modellbahn-Clubs und -Fans. In Marktoberdorf werden Modelleisenbahnen sogar in einem eigenen Museum gezeigt, das gleichzeitig über die Geschichte der Modellbahn informiert. Neben Lokomotiven und Modellautos gibt es im Eisenbahnmuseum noch etliche weitere Raritäten zu sehen. Mit alter oder neuer Technik und thematisch aufeinander abgestimmt fahren Sie auf unterschiedlich gestalteten Modellbahnanlagen zurück in längst vergangene Zeiten. Eine seltene Bahnanlage im Stil der Fünfziger- bis Sechzigerjahre darf natürlich auch nicht fehlen und ist das Highlight der Ausstellung.

Die Miniwelt Oberstaufen ist eine weitere interessante Adresse für Modelleisenbahnfans! www.miniwelt-allgaeu.de

In den Räumen des Eisenbahnmuseums können Sie aber nicht nur Züge und Bahnen ab dem Jahr 1920, sondern in passend dekorierten Vitrinen oder in den zahlreichen beleuchteten Schaukästen auch kleine und große Kostbarkeiten bewundern. Damit nicht genug, ist nebenbei noch eine kleine Sammlung wunderschöner Mineralien zu entdecken.

Aber nicht nur die Räume sind einladend, das ganze Haus ist sehenswert. Nach jahrelanger liebevoller Renovierung erstrahlt es wieder in neuem Glanz und lädt zum Besuch ins Museum ein. Lassen Sie sich verzaubern von der Faszination der Eisenbahn! Im angeschlossenen Museumsladen werden auch Raritäten aller großen Modelleisenbahn-Marken angeboten, aber auch Mineralien, Heil- und Edelsteine. Der Inhaber ist sehr freundlich und sachkundig.

Eisenbahnmuseum Allgäu · Di–Fr 14.30–18 Uhr, Sa, So 10–12, 14–17 Uhr
Im Hörtnagel 2 · 87616 Marktoberdorf-Thalhofen · Tel. 0 83 42/91 61 60
www.eisenbahn-museum-allgaeu.de · Haltestelle: Bahnhof Marktoberdorf, Fußweg ca. 5 Min.

24 UNTER STROM IM ELEKTROTECHNISCHEN MUSEUM

Wer sich auf eine »elektrisierende« Zeitreise begeben möchte, bitte einsteigen! Die unzähligen originalen und noch funktionsfähigen Geräte ab dem Jahr 1900 versetzen die Besucher ins Staunen. Zurück zu den Anfängen des elektrischen Stromes. Mit ziemlicher Sicherheit werden Sie eines der Geräte wiedererkennen.

Manfred Störs Leidenschaft für alles, was mit Strom zu tun hat, hat ihn schon sehr früh erfasst. Denn bereits als Lehrling, während seiner Ausbildung zum Elektriker, sammelte er alles, was alt, elektrisch und zu bekommen war. Auf diese Weise kamen mit der Zeit rund 4000 Geräte zusammen. Jahrelang blieben seine »Schätze« aber eingelagert und unbeachtet. Das sollte sich im Jahr 1998 ändern, als das 100-jährige Jubiläum der Einführung der Elektrizität in Leutkirch gefeiert wurde. Dies war der richtige Zeitpunkt, um endlich ein eigenes elektrotechnisches Museum zu eröffnen. Seitdem legt Manfred Stör größten Wert darauf, dass seine hier ausgestellten Geräte nicht nur schön aussehen, sondern auch allesamt betriebsbereit sind. Auf über 140 Quadratmetern ist vom ersten Geschirrspüler über Waschmaschinen oder Toaster, Trockenhauben, Radio-, TV- und Tonbandgeräte bis zum Flipperautomaten alles Mögliche ausgestellt, Hauptsache, es ist elektrisch. Eine Führung dauert etwa zwei Stunden und lohnt nicht nur wegen der lustigen Geschichten die Manfred Stör zu seinen Geräten erzählt. Ein toller Ausflug für die ganze Familie und interessant für alle Generationen. Vor allem aber die älteren Familienmitglieder werden beim Anblick der Elektrogeräte ins Schwelgen kommen.

Das Ladengeschäft Stör & Wagenseil in der Unteren Grabenstraße 2. Dieses »Geschäft« ist wie ein kleines Museum. Das Motto lautet: »Wir haben alles, was Sie brauchen, wenn wir es nicht haben, brauchen Sie es auch nicht.«

Elektrotechnisches Museum Leutkirch e.V. Manfred Stör · Eichenstraße 1 · 88299 Leutkirch im Allgäu · Tel. 0 75 61/91 20 47 · www.etm-leutkirch.de · Haltestelle: Bahnhof Leutkirch, Fußweg ca. 10 Min. · Führungen ab vier Personen nach tel. Anfrage

ANTENNE BAYERN
MAHAG
Bitte nicht berühren
Betriebsurlaub
vom: bis:
Wir bitten um Ihr
Verständnis
SRI LANKA

RUND UMS REISEN – DAS ERWIN HYMER MUSEUM

25

Diejenigen, die gern reisen, werden ihre Freude haben, aber besonders die Campingfans unter Ihnen werden es lieben. Das Erwin Hymer Museum spannt in Bad Waldsee den großen Bogen der Reiselust mit zahllosen Exponaten von den simplen Anfängen bis hin in die luxuriöse, hoch technisierte Gegenwart!

Zugegeben, Bad Waldsee liegt ja eigentlich nicht wirklich im Allgäu. Aber nahe dran. Ein Abstecher dorthin ist nur zu empfehlen. Denn schon das aus zwei futuristischen Gebäuden bestehende Museum bietet einen Anblick, der seinesgleichen sucht. Sie sind den Formen eines stehenden sowie eines liegenden Caravan-Fensters nachempfunden. Durch die Glasfassaden können Sie einen Blick auf die Exponate werfen, die hier auf ca. 6000 Quadratmetern ausgestellt sind. Von innen sind bei Fernsicht sogar die Alpen zu sehen.

In einer Dauerausstellung werden mehr als 80 historische Wohnwagen und Reisemobile gezeigt, die zu einer Entdeckungstour durch die Geschichte des mobilen Reisens einladen. Hier erfahren Sie viel über die Entwicklung, Technik und das Design ihrer Zeit und über die Pioniere des mobilen Reisens. Die teilweise exotischen Exponate laden ein zum Reisen auf den Traumrouten dieser Welt! Interaktiv – zum Anfassen und Mitmachen.

Nützliches und Lustiges aus der Welt des Campings und Caravanings gibt es im Museumsshop im Foyer. Auch Bücher zur Kultur- und Technikgeschichte des Campens sowie individuelle Postkarten, die direkt verschickt werden können, sind hier erhältlich. Im Museum finden zudem in regelmäßigen Abständen auch spannende Veranstaltungen rund ums Reisen statt.

Die Sammlung der Erwin Hymer Stiftung besteht zwar schon aus ca. 250 Fahrzeugen, Reisemobilen, Wohnwagen, Pkws und Zweirädern, nichtsdestotrotz ist das Hymer-Team aber immer auf der Suche nach weiteren außergewöhnlichen Exponaten. Wenn Sie also ein interessantes Fahrzeug in der Garage stehen haben, das Sie dem Museum überlassen möchten, können Sie gern Kontakt aufnehmen!

Erwin Hymer Museum · Tgl. 10–18 Uhr, Do bis 21 Uhr, Einlass bis 1 Stunde vor Schließung
Robert-Bosch-Str. 7 · 88339 Bad Waldsee · Tel. 0 75 24/97 66 76 00 · www.erwin-hymer-museum.de
Haltestelle: Hymer Museum, City-Bus

26 MUSEUM FÜR OLD- UND YOUNGTIMER

Unter dem Motto „So einen hatte ich auch schon mal …" lädt das Automuseum Wolfegg dazu ein, sich und den Nachwuchs in die eigene Jugend entführen zu lassen. Außerdem können Sie neben Automobilen, Motorrädern und Mopeds auch jede Menge zeitgenössische Gegenstände entdecken.

Im Frühjahr 2017 zogen die Fahrzeuge des ersten privaten Automobilmuseums von Fritz B. Busch nach 43 Jahren von Wolfegg in das Auto & Traktor Museum an den Bodensee um. So entstand Platz für eine verjüngte Ausstellung, in der der neue Inhaber Nicolas Flosbach heute Oldtimer und Youngtimer aus den verschiedensten Epochen zeigt. Ein Schwerpunkt liegt dabei auf Fahrzeugen der 1960er-, 1970er- und 1980er-Jahre, aber Sie finden hier auch viele jüngere Exoten. Typenausstellungen wechseln sich ab mit Marken- oder speziellen Technikthemen und setzen halbjährlich immer wieder neue Schwerpunkte. Außerdem können Sie hier auch die größte Einradanhängersammlung der Welt und historische Gerätschaften der Wolfegger Feuerwehr entdecken.

Die Tante-Emma-Laden-Ausstellung zeigt, dass frühere Generationen schon wussten, wie Müll vermieden wird, und erzählt aus der über 120-jährigen Geschichte des bis heute bestehenden Wolfegger Kaufhauses Ott. Ein altes Klassenzimmer lädt Sie ein, Schulbücher wiederzuentdecken, und Schreibmaschinen, Kleidermode, Wählscheibentelefone, Bonanza-Fahrräder, Schlaghosen, Haushaltsgeräte in grellem Orange und Plattenspieler lassen die 1960er- bis 1980er-Jahre wieder lebendig werden.

Wussten Sie, dass nach dem Zweiten Weltkrieg mit Holz statt Benzin gefahren werden konnte und wie und warum man Anhänger mit nur einem Rad für Pkw, Lkw, Omnibusse und Panzer betrieb? Die Ausstellung gibt Antworten nicht nur auf diese Fragen …

Automuseum Wolfegg · 1. Apr.–18. Nov. tgl. 10–18 Uhr, 19. Nov.– 1. Apr. Mi–Fr 13–17, Sa–So 10–17 Uhr · Fritz-B.-Busch-Weg 1 · 88364 Wolfegg · Tel. 07527/921 03 90 · www.automuseum-wolfegg.de · Haltestelle: Bahnhof Wolfegg, Fußweg 15 Min · fürs Navi: Alttanner Straße 4

"die Autos aus
die u
das Motto dieser Schau:
groß geworden.
-tanke.com

HOSTIUM
DEBELLATORI

KULTUR UND KLOSTERLEBEN

27

»Ora et labora«, bete und arbeite! Nach diesem Grundsatz leben die Mönche im ehemaligen Familienkloster der Grafen Silach. Aber Sie brauchen dem Orden nicht gleich beizutreten, um sich die zahlreichen Sehenswürdigkeiten im Kloster anzuschauen! Neben Basilika, Museum, Bibliothek, Theater- und Kaisersaal gibt's auch ein Café.

Auch wenn die eine oder andere Annehmlichkeit unserer Tage im Kloster angekommen ist, so lebt die brüderliche Gemeinschaft der Benediktinerabtei noch nach den Grundsätzen aus der Zeit ihrer Gründung im Jahr 764, als sie sich in Ottobeuren angesiedelt hat. Ihr Leben besteht aber nicht nur aus Gebet und Arbeit, sondern auch aus Muße, Erholung und Festen in froher Gemeinschaft. Wer sich dafür interessiert und männlich ist, kann im »Kloster auf Zeit« herausfinden, ob dies seine Berufung ist.

Das ehemalige Familienkloster der Grafen Silach besiedelten Mitte des 8. Jahrhunderts Mönche aus dem Bodenseeraum. Im Lauf der Zeit wurde es ein unabhängiges Gebiet innerhalb des Deutschen Reiches, das nur dem Kaiser verpflichtet war. Der kleine Klosterstaat, der aus Ottobeuren und weiteren 27 umliegenden Dörfern bestand, fiel erst im Jahr 1802 an Bayern.

Nach dem Dreißigjährigen Krieg blühte das Kloster unter Abt Rupert II. regelrecht auf. Er förderte nicht nur das religiöse, sondern auch das soziale, wirtschaftliche und künstlerische Leben im Kloster und im Umland des Stifts. Der bedeutendste Beleg aus dieser Zeit ist wohl die Klosteranlage mit ihrer Kirche, ein Hauptwerk des europäischen Barock. Ottobeuren verdankt es nur der Treue und Hartnäckigkeit der damaligen Mönche, dass das Kloster 1834 unter König Ludwig I. nach der Säkularisation einen Neuanfang wagen konnte. Denn weder von Schikanen noch von staatlichen Zwangsmaßnahmen haben sie sich vertreiben lassen. Seit 1918 ist Ottobeuren deshalb wieder eine selbstständige Abtei.

Das Museum der Benediktinerabtei zeigt Schnitzereien, Altartafeln, Gemälde und historische Entwürfe der Deckenfresken in der Kirche.

Benediktinerabtei Ottobeuren · Sebastian-Kneipp-Str. 1 · 87724 Ottobeuren · Tel. 083 32/79 80 · www.abtei-ottobeuren.de · Haltestelle: Bahnhof Memmingen, Bus bis Ottobeuren Marktplatz, Fußweg ca. 9 Min.

28 DIE ÄLTESTE KAPELLE DES ALLGÄUS

Überall im Allgäu sind sie zu finden: Wegkapellen, Votivkapellen und Privatkapellen. Etwas versteckt gelegen, oberhalb eines historischen Burgstalls mit Wallanlage, ist schon der Standort dieser Filialkapelle etwas ganz Besonderes. Sie gilt nämlich als älteste romanische Kirche des Allgäus.

Wer in Emmereis in der Nähe von Rettenberg vorbeikommt, sollte sich auf jeden Fall St. Nikolaus etwas genauer anschauen. Die kleine Kirche aus großen Roll- und Bruchsteinen ist in der zweiten Hälfte des 12. Jahrhunderts in der Nähe eines Burgstalls zu Ehren des Patrons der Seefahrer und Wanderer entstanden. Ausgeschmückt wurde sie mit frühgotischen Fresken aus dem Leben des Heiligen Nikolaus. Gebaut hat sie vermutlich der »Schwarze Ritter« von Emmereis, der sich auch in einem Fresko am rechten Chorbogen verewigt hat. Im Inneren der Kapelle befinden sich zahlreiche Fresken aus dem 12. und 13. Jahrhundert, unter anderem Szenen aus dem Leben des Heiligen Nikolaus und eine Darstellung des Christophorus an der Nordwand.

1724 bis 1725 wurde die Kapelle barockisiert und mit einer »welschen Haube« versehen. Aus der gotischen Epoche stammen noch zwei Figuren aus der Schule des Ivo Strigel. Luft- und Lichtscharten unter der Traufe, ein verbauter Südeingang und ein ebenfalls zugemauertes Apisfenster im Süden sind noch erkennbare Außenöffnungen aus der Erbauungszeit. Sämtliche anderen Öffnungen sind wohl Relikte von Renovierungen aus der Zeit der Gotik und des Barock.

Die Bausünden der letzten 500 Jahre wurden glücklicherweise in den Siebzigerjahren des vorigen Jahrhunderts zugunsten des originalen Innenraums wieder etwas zurückgenommen. Es lohnt sich, die Kapelle zu besuchen, schon ihres außergewöhnlichen Standorts wegen. Aber berücksichtigen Sie bitte, dass die Kapelle nur an Wochenenden, samstags und sonntags geöffnet ist.

Kapelle St. Nikolaus · Sa, So geöffnet · Emmereis · 87549 Rettenberg · Tel. 0 83 27/9 20 40
www.rettenberg.de · Haltestelle: Bahnhof Immenstadt, Bus bis Emmereis, Fußweg ca. 5 Min.

29 DAS ÄLTESTE HAUS LINDENBERGS

Das sogenannte »Söldnerhaus« in Lindenberg ist gleichzeitig auch das älteste Haus im Landkreis Lindau. Errichtet wurde es 1590 – und es ist eines der wenigen verbliebenen Gebäude der Vergangenheit. Auch wenn Sie es momentan nur von außen betrachten können, zeigt der spezielle Holzbau, der noch aus der Zeit vor dem Dreißigjährigen Krieg stammt, wie die ärmere Bevölkerung vor 200 oder 300 Jahren in Lindenberg gewohnt hat. Drei Außenseiten des Hauses sind noch mit originalen Holzschindeln verkleidet, und nur an der Ostseite sind Bretter zum Einsatz gekommen. Die Stadt Lindenberg hat das Söldnerhaus erworben. Bald soll es für jedermann geöffnet sein und durch Ausstellungen und Führungen zum lebendigen Denkmal werden.

Das älteste Haus Lindenbergs · Hansenweiherstraße 6 · 88161 Lindenberg i. Allgäu
Tel. 0 83 81/8 03 28 · www.lindenberg.de
Haltestelle: Bus bis Lindenberg Kirche, Fußweg ca. 5 Min.

30 AUF DEM »BÜCHEL«

Die schlichte Kapelle ist schon von Weitem zu erkennen. Sie liegt etwa zwei Kilometer von Sonthofen entfernt im Ortsteil Berghofen auf dem sogenannten »Kirchbichl«, einem Moränenhügel, zwischen malerischen Bauernhäusern. Sie beherbergt neben Resten gotischer Wandmalerei auch einen kunstvoll geschnitzten Flügelaltar aus dem Jahr 1438. Heute ist die malerische Kapelle besonders als Hochzeitskirche beliebt – und meistens geöffnet. Von hier aus können schöne Wanderungen auch in die Umgebung unternommen werden. So führt unter anderem ein Wanderpfad durch die kleine Klamm des »Burgstall Tobels« direkt in den Sonthofener Ortsteil Walten.

St. Leonhard · Auf dem Büchel · 87527 Sonthofen-Berghofen · www.sonthofen.de
Haltestelle: Bahnhof Sonthofen, Fußweg ca. 35 Min.

31

DIE WALDBURG

Wenn das Wetter mitspielt, ist die Fernsicht beeindruckend. Auf dem 772 Meter hohen Drumlin-Hügel reicht dann der Blick bis zum Ulmer Münster im Norden, bis zum Hohentwiel bei Singen im Westen, bis ins Alpenvorland im Osten und im Süden sogar bis weit in die Schweizer Alpen hinein.

Die Burg stammt aus dem 11. Jahrhundert, als die Familie von Waldburg ein Amtslehen von den Welfen erhielt. Aber der Bau der Waldburg wurde durch ihre Lage auf dem steilen Drumlin zu keiner leichten Aufgabe. Erheblich erschwert wurde deshalb auch der Ausbau, mit dem in der ersten Hälfte des 13. Jahrhunderts begonnen wurde und der über sieben Jahrhunderte dauern sollte. Unter anderem wurde dabei der große Saal bis ins Obergeschoss erweitert. Im 19. Jahrhundert wurde sie wegen ihrer Lage zu einem wichtigen Landesvermessungspunkt, und seit der Wiedereröffnung im Jahr 1996 hat man wieder einen freien Blick auf die Burg. Nach Baumfällungen ist sie seitdem besonders bei Nacht mit der Beleuchtung schon von Weitem gut zu sehen und ein wichtiger Orientierungspunkt.

Das Museum für Indianistik in Waldburg: Indianerromantik, Kachinapuppen und Kulturgeschichte der Indianer Nordamerikas.
www.museum-indianistik.de

Heute beherbergt die Burg unter anderem ein Museum, in dem man mehr über ihre Geschichte und die der Familie Waldburg erfährt. Während der Sommermonate sind die Burg und die Burgkapelle für Besichtigungen geöffnet. An den Wochenenden finden regelmäßig Führungen und Ritterspiele sowie Theateraufführungen statt. Außerdem werden im Gewölbekeller der Waldburg Ritteressen angeboten. Dann gibt es natürlich ein original mittelalterliches Mahl mit allem, was dazugehört: ein Fanfarenzug zum Empfang, Met im Rittersaal und mittelalterliche Musik zum Essen. Zusätzlich treten auf Wunsch auch Barden, Gaukler oder Schwertkämpfer auf. Nach rechtzeitiger Reservierung wird ein Besuch auf der Waldburg so zu einem ganz besonderen Erlebnis.

Waldburg · Ende März–Anfang Nov. tgl. 10–17 Uhr, Mo Ruhetag · Schloss 1 · 88289 Waldburg
Tel. 0 75 29/91 11 20 · www.gemeinde-waldburg.de
Haltestelle: Bahnhof Ravensburg, Bus bis Waldburg, Fußweg ca. 10 Min.

32 NICHT NUR EINE SCHRIFT

Das rund drei Hektar große Anwesen hat eine über 600-jährige Geschichte, die noch heute zu spüren ist. Auch wenn nur noch ein Teil der inzwischen privat genutzten Rotismühle zugänglich ist, lohnt sich der Besuch des Ortes, wo bedeutende Entwürfe entstanden sind, die jedem bekannt sein dürften.

Nicht nur in Fachkreisen weltweit bekannt ist die Rotismühle als Design- und Entwicklungsort der gleichnamigen Schrift »Rotis« aus dem Jahr 1986. Ihr Entwickler Otl Aicher zog 1972 mit seiner Frau Inge Aicher-Scholl samt Familie in die Rotismühle. Die Neugestaltung von vier Häusern auf dem Mühlen-Anwesen basiert ebenfalls auf Entwürfen von Otl Aicher, der bis zu seinem Tod im Jahr 1991 in Rotis lebte. Im traditionell geprägten Allgäu fielen diese, auch als »Rotiser Pfahlbauten« bezeichneten Bauten, durch ihre sehr moderne und provokante Form völlig aus dem Rahmen. Die Begeisterung der Einheimischen hielt sich in Grenzen. Doch nach Umbaumaßnahmen entstanden hier in den Siebzigerjahren zahlreiche Entwürfe und Logos, die fast jeder kennt. Die Liste ist lang, aber einige der bekannten Beispiele dürften der »Kranich« der Lufthansa sowie die Piktogramme der Olympischen Spiele in München 1972 oder das Logo des ZDF sein. Mit bis zu zwölf Mitarbeitern erarbeitete das Team unter anderem auch die Logos vieler bekannter Firmen wie zum Beispiel für Bulthaup.

Das von Inge Aicher-Scholl, der Schwester von Hans und Sophie Scholl, aufgebaute »Geschwister-Scholl-Archiv« wurde inzwischen durch den Sohn Manuel Aicher dem Institut für Zeitgeschichte in München übergeben. Der Großteil der grafisch-gestalterischen Hinterlassenschaft von Otl Aicher ist heute im Archiv der Hochschule für Gestaltung in Ulm zu finden. Neben anderen wohnt der zweite Sohn Julian Aicher heute wieder in der Rotismühle und setzt sich für eine umweltfreundliche Energieerzeugung ein. Mit einem Wasserkraftwerk auf dem Areal der Rotismühle geht er eigene Wege und führt Besucher auch gern durch die zugänglichen Bereiche!

Rotismühle Julian Aicher · Rotis 5–2 · 88299 Leutkirch · Tel. 0 75 61/7 05 77 · www.rotismuehle-aktuell.de · Haltestelle: Bahnhof Leutkirch, Bus bis Rotis, Fußweg ca. 10 Min. · Führung nach vorheriger tel. Anmeldung

ORGELPFEIFEN IN LINDENBERG

33

Schon von Weitem fällt die Fassadenmalerei auf, aber erst im Inneren besticht die Kirche mit der außergewöhnlichen Form und Größe ihrer Orgel. Wenn Sie sie gesehen haben, werden Sie verstehen, warum die Stadtpfarrkirche St. Peter und Paul auch als Dom des Westallgäus bezeichnet wird. Dass der neubarocke Kirchenbau von 1914 diesen Namen verdient hat, wird spätestens klar, wenn man unter der mächtigen Kuppel steht, während die gewaltige Orgel aber die Blicke auf sich zieht. Schlicht in Weiß und ohne zierende Elemente gehalten, imponiert sie durch schiere Größe. Die fast schon futuristisch wirkende Orgel mit 54 Registern wurde im Jahr 1934 von dem aus Altstädten im Allgäu stammenden Josef Zeilhuber neu erbaut.

Stadtpfarrkirche Lindenberg, Pfarrei St. Peter und Paul
Goethestraße 4 · 88161 Lindenberg i. Allgäu · Tel. 0 83 81/92 70 40 · https://bistum-augsburg.de/Pfarreien/St.-Peter-und-Paul_Lindenberg Haltestelle · Busbahnhof Lindenberg, Fußweg ca. 5 Min.

SCHINDELN ÜBER SCHINDELN

34

Der Mensch musste sich beim Bau seiner Behausung schon immer dessen bedienen, was vor Ort zu finden war. Im Allgäu waren das Stein und Schiefer, Stroh und Schilf, Lehm und natürlich Holz. 1923 gründete der Großvater des heutigen Firmenchefs einen Holz verarbeitenden Betrieb im Ortskern von Thalkirchdorf. Damals wurden neben den von Hand geschnitzten Holzschindeln auch »Heinzenschwingen« für die Heutrocknung hergestellt. Aus Platzmangel entstand 1998 die Schindelzentrum Allgäu GmbH in Salmas. Auf dem 2000 Quadratmeter großen Betriebsgelände lebt die alte Tradition der Schindelherstellung weiter, und der einstige »Arme-Leute-Baustoff« ist heute wieder in und günstiger, als Sie denken!

Schindelzentrum Allgäu · Salmas 35 · 87534 Oberstaufen · Tel. 0 83 25/4 58
www.schindelzentrum.de · Haltestelle: Bahnhof Oberstaufen, Fußweg ca. 5 Min.

35 GEMÄLDE UND SÄRGE

Särge als Leinwand sind ja nicht gerade die Norm. Für Alfred Josef Opiolka aber schon. Denn der gebürtige Pole und freischaffende Maler beschäftigt sich künstlerisch mit der Schönheit der Natur und bei seinen Malaktivitäten unter anderem auch mit dem Thema »Leben und Tod«.

Seit 1969 lebt Opiolka jetzt schon im Allgäu, aber erst seit 1981 als freischaffender Maler. Die Liebe zur Fassadenmalerei entwickelte Alfred Josef Opiolka schon in jungen Jahren, und diese wurde von seinem Meister, dem Kunstmaler Franz Weiss, auch entsprechend gefördert. Das war auch gut so, denn inzwischen gestaltet er Wohnräume, Fassaden im privaten sowie im geschäftlichen Bereich wie Praxisräume, Restaurants oder Wellness-Anlagen. Seine Energie und Ideen holt er sich aus der Natur. Als er schließlich vor einigen Jahren den Malauftrag eines Bestattungsinstituts erhielt und sich mit dem Thema Sterben und Tod konfrontiert sah, wurde die damit verbundene, intensive Auseinandersetzung auch zum Thema seiner Arbeit. Plötzlich sah er Särge in einem ganz anderen Licht. Spontan hatte er ein Bild vor Augen. Dieses setzte er um, und der erste bemalte Sarg mit göttlichen Symbolen aus der Natur war entstanden. Seitdem gehört die malerische Gestaltung von Verabschiedungsräumen, Sterbezimmern, Särgen, Kreuzen und Urnen zu seinem Angebot. Seine Philosophie lautet: »Wahre Kunst geht über das Leben hinaus.«

Im Sargladen ist auch Opiolkas Atelier samt erweiterter Galerie untergebracht. Dort können neben den bemalten Särgen auch seine Gemälde und andere Kunst-Objekte besichtigt werden. Ein großer Außenbereich gehört ebenfalls zur Ausstellungsfläche.

Kann farbenfrohe Malerei über den schmerzvollen Verlust eines geliebten Menschen hinweghelfen? Diese Frage kann sich wahrscheinlich nur ein Betroffener selbst beantworten, aber vielleicht kann sie einer Beerdigung etwas vom Gefühl der Hilflosigkeit nehmen.

Sargladen · Starzlachauen 3 · 87497 Wertach · Tel. 01 74/3 30 62 32 · www.sargladen.com
Haltestelle: Bahnhof Oy-Mittelberg, Fußweg ca. 10 Min.

»LOURDES« IN RAMMINGEN?

36

Rot leuchtet der Rohbacksteinbau am Ortsrand von Unterrammingen und fällt deshalb schon von Weitem auf. Von den Einheimischen schlicht »Grotte« genannt, ist die Lourdes-Grotte am Ende eines Feldweges zu finden. Jedes Jahr im Mai findet hier eine schöne Lichterprozession statt.

Nachdem Pfarrer Lorenz Kast im Jahr 1839 von einer Wallfahrt nach Lourdes heimgekehrt war, war er von dem Gnadenort in Frankreich so begeistert, dass er eine solche Gedenkstätte auch in Rammingen haben wollte. Mit diesem Wunsch war der Pfarrer damals aber nicht allein, denn zu jener Zeit wollten immer mehr Gemeinden ihre eigene Grotte nach dem großen Vorbild bauen. Als Pfarrer Kast allerdings seine Idee in die Tat umsetzen wollte, wurde der Bau auf dem von ihm vorgeschlagenen Bereich zwischen dem damaligen Pfarrhof und der Pfarrkirche St. Magnus vom Bezirksamt Mindelheim nicht genehmigt. Nach reichlicher Überlegung kam ihm schließlich ein neuer Gedanke. Man könnte sie doch an der Stelle erbauen, an der schon die St.-Bernhard-Kapelle steht. Gesagt, getan, genehmigt! Im Jahr 1891 wurde mit dem Bau der Grotte im neuromanischen Stil begonnen. Die rote Außenfarbe erhielt sie durch das verwendete Baumaterial, Rohbacksteine, die unverputzt blieben. Die »Grotte« beherbergt eine Muttergottes-Figur, die dem Original nachempfunden ist. Die echte Skulptur, die Bildhauer Fabisch nach Berichten über Erscheinungen im Jahr 1858 geschaffen hat, steht nämlich seit 1864 in der natürlichen Grotte von Massabielle nahe Lourdes.

Nach ihrer Fertigstellung wurde die »Grotte« in das religiöse Leben der Ramminger Bürger integriert. Im Marienmonat Mai sowie im Rosenkranzmonat Oktober wird allabendlich der Rosenkranz gebetet. Einige Frauen spendeten der Lourdes-Muttergottes sogar ihre wertvollen Rosenkränze. Seit 1965 wird zudem jedes Jahr im Mai die vom damaligen Pfarrer Dr. Albert Haider eingeführte Lichterprozession abgehalten.

Lourdes-Grotte · Am Ende des Grottenweges Unterrammingen · 86871 Rammingen
Tel. 08245/1722 · www.rammingen.de · Haltestelle: Bahnhof Türkheim,
Rufbus bis Unterrammingen

37 MORBIDER CHARME IN MEMMINGEN

Wunderschöne alte Barockgräber erinnern an Patriziergeschlechter, aber auch an Handwerker- und Bürgerfamilien. Die monumentalen Grabdenkmäler auf dem alten Friedhof in Memmingen zählen zu den besterhaltenen in Deutschland. Man muss also nicht gleich nach Paris oder Wien fahren.

Als in der Reichsstadt Memmingen im Jahr 1529 die Friedhöfe St. Martin, Unser Frauen und Im Spital aus Platzmangel geschlossen wurden, baute man nahe des ehemaligen Schottenklosters St. Nikolaus einen neuen Friedhof. Dieser wurde über 400 Jahre genutzt, aber nachdem auch er im Jahr 1930 geschlossen wurde, verwandelte sich das Areal des »Alten Friedhofs« mehr und mehr in eine Parkanlage. Die barocken Grabbauten und -skulpturen der alten Patriziergeschlechter wie derer von Grimmel, von Wachter oder von Zoller sind aber nach wie vor beeindruckend. Die Mitglieder dieser Familien waren Bürgermeister, Räte oder Richter, die die Geschicke und die Entwicklung der Stadt entscheidend mitbestimmten. So liegt auf dem Alten Friedhof auch ein Stück der Memminger Stadtgeschichte begraben. Wer mehr über diese Familien und die Geschichte der Stadt erfahren möchte, kann in den alten Friedhofsbüchern und Unterlagen, die im Stadtarchiv zugänglich sind, stöbern.

Der LBV-Vogellehrpfad Friesenried Kaufbeuren. Tel. 0 83 47/7 89, www.kaufbeuren-tourismus.de

Es gibt sogar einen Förderverein, Alter Friedhof Memmingen e.V., der in regelmäßigen Abständen kostenlose Führungen anbietet. Dabei wird auf die verschiedenen Berufsgruppen eingegangen und man erfährt nicht nur etwas über die Geschichte der Familien, sondern auch über die damaligen Lebensumstände. Wenn Sie der speziellen Atmosphäre von alten Friedhöfen etwas abgewinnen können, aber nicht extra nach Wien zum alten jüdischen Friedhof oder nach Paris zum berühmten Père Lachaise fahren möchten, finden Sie sie auch hier. Wenn auch nur im Kleinen.

Alter Friedhof Memmingen · Friedhofweg · 87700 Memmingen · Tel. 0 83 31/25 56
www.memmingen.de · Haltestelle: Bahnhof Memmingen, Fußweg ca. 5 Min.

38 DIE LETZTE HEXE DES ALLGÄUS

Zugegeben, die Gedenktafel auf dem Residenzplatz ist etwas schlicht geraten, und der Gedenkbrunnen ist nicht mehr da. Aber die Geschichte »der letzten Hexe des Allgäus« rechtfertigt einen Besuch allemal. Außerdem gibt es in Kempten ja noch so vieles mehr, was es zu entdecken gilt!

In ärmlichen Verhältnissen und Waisenhäusern streng katholisch in Lachen aufgewachsen, wird Maria Anna Schwegelin zunächst Dienstmagd. Sie arbeitet auf Bauernhöfen und in Gasthäusern rund um Memmingen. Bei einer dieser Aushilfstätigkeiten lernt sie im Jahr 1751 den evangelischen Kutscher des Landsitzes Künersberg kennen und verliebt sich in ihn. Dieser verspricht ihr zunächst die Ehe, löst sein Versprechen aber nicht ein. Obwohl sie seinetwegen zum lutherischen Bekenntnis wechselte, muss sie den Hof verlassen. Die Konversion versuchte sie später wieder rückgängig zu machen. Aufgrund eines Beinleidens wird sie allerdings arbeitsunfähig und verwahrlost. In Kempten wird sie aufgegriffen und 1769 vom Leprosenhaus Obergünzburg aufgenommen. Um 1770 überstellt man sie in das Arbeitshaus Langenegg bei Martinszell, und die folgenden fünf Jahre leidet sie unter harter Arbeit und schlechter Verpflegung. Misshandlungen durch die amtlich als »Irre« bezeichnete Aufseherin sind an der Tagesordnung. Unüberlegte Äußerungen wie »Lieber beim Teufel als in diesem Haus in Pflege zu sein« besiegeln später ihr Schicksal. Als die Aufseherin entdeckt, dass einer der Kerkerknechte ihr etwas zu essen zusteckt, beschuldigt sie sie, mit dem Teufel im Bunde zu stehen. Das Todesurteil war gefällt.

Allerdings gibt es zwei Versionen davon, wie es mit der Maria Anna Schwegelin weiterging. Die eine besagt, dass das Urteil nie vollstreckt und Maria Anna Schwegelin begnadigt wurde. Demnach soll sie 1781 im Zuchthaus des Stifts in Kempten verstorben sein. Nach einer anderen veralteten Meinung wurde das Todesurteil aber am 11. April 1775 vollstreckt. Aus »mildtätiger Gnade« soll sie geköpft worden sein, bevor ihr Leib auf dem Scheiterhaufen verbrannte.

Gedenktafel »Maria Anna Schwegelin«, letzte Hexe Deutschlands
Residenzplatz 4 · 87435 Kempten · Tel. 0831/256251 · www.kempten.de Haltestelle: Bahnhof Kempten, Fußweg 5 Min. zur Südostseite der Residenz

*1734 MARIA ANNA SCHWEGELIN †1781
ZUR ERINNERUNG AN DAS LEIDEN UND STERBEN UNGEZÄHLTER FRAUEN, DIE WÄHREND DER JAHRHUNDERTELANGEN VERFOLGUNG ALS HEXEN DIFFAMIERT UND ERMORDET WORDEN SIND
ERINNERUNG IST DAS GEHEIMNIS DER VERGEBUNG

ALLGÄUER VIEHSCHEID

39

Jedes Jahr im September bringen die Bergbauern an 32 Orten ihr Vieh wieder zurück ins Tal. Spektakulär, in festgelegter Reihenfolge und unter großem Interesse vieler Zuschauer und Touristen. Diese Viehscheide gibt es nur im Allgäu. Und dabei herrscht Volksfeststimmung pur!

Man hat also die Qual der Wahl. Der erste Allgäuer Alpabtrieb im Jahr ist der Viehscheid von Bad Hindelang. Hier wird das Vieh der umliegenden Alpen zu fünf Herden vereint und im Stundentakt vom Berg heruntergetrieben. Vorbei an Marktbuden, Verkaufsständen und Musikkapellen. Es ist ein richtiges Volksfest, das die Hirten für 100 Tage Verantwortung für das Vieh sowie die Herstellung von Butter und Käse in Handarbeit auf der Alp feiert. Im Gegensatz zu einer üblichen Kirmes ertönt im fröhlichen Markttreiben allerdings immer wieder das »Gebimmel« des Braunviehs, das das Ganze erst zu dem macht, was es ist. Die Kuhglocken sind aber nicht nur hübsch anzusehen, sie sind auf dem Berg auch enorm wichtig. Denn nur so wissen die Senner stets, wo sich ihre Kühe gerade herumtreiben.

Kaum im Tal angekommen, werden die Rinder an einer Sammelstelle in Empfang genommen und anhand ihrer Brandzeichen beziehungsweise ihrer Nummern im Ohr und unter lautem Geschrei ihren Besitzern zugeordnet. Mit dem schönen Blumenschmuck des »Kranzrinds«, also der Leitkuh, hat es eine besondere Bewandtnis. Als Zeichen der Freude wird nur dann »gekränzt«, wenn während der Saison auf der Alpe keine Unfälle passiert sind und alle Tiere wieder heil ins Tal aufbrechen können. Die etwa 27000 Jungtiere und 3000 Milchkühe verbringen nämlich den warmen Teil des Jahres frei laufend auf den Wiesen der Alpen, und leider kommt es immer wieder vor, dass ein Tier abstürzt oder dort oben erkrankt. Ist also »gekränzt«, war es ein gutes Jahr für den Bauern, ist dem nicht so, kommt wahrscheinlich die Herde nicht vollzählig zurück. Ein sehenswertes Spektakel!

Die Termine der Allgäuer-Viehscheide finden Sie im Internet.

Viehscheid Bad Hindelang · jedes Jahr am 11. September 8.30–12.30 Uhr · Festplatz auf der Ach, Ostrachstraße · 87541 Bad Hindelang · www.bad-hindelang.de
Haltestelle: Bahnhof Sonthofen, Bus bis Bad Hindelang, Fußweg 15 Min.

40 KREUZIGUNGSSZENE AM KALVARIENBERG

Der Kalvarienberg ist im 19. Jahrhundert entstanden und stellt die Kreuzigung Jesu nach. Er vereint die Natur mit der Kunst der Nazarener, die dafür eintraten, die Kunst im Sinne des Christentums zu erneuern. Gleichzeitig ist der Berg aber auch einer der besten Standorte, um Fotos von der Altstadt Füssens zu machen!

Schon König Ludwig II. war gern hier oben unterwegs! Sogar noch an Ostern 1886, im Jahr, in dem er starb. Wenn Sie dort hinaufmöchten, können Sie es den vielen Füssenern gleichtun und von der Kirche Frau-am-Berg dem Kreuzweg folgen. Vorbei an den kleinen Kreuzwegstationen geht's zu Fuß hinauf zum Gipfel des Kalvarienbergs. Der Weg endet auf der Hirschwiese, wo an der Marienkapelle jedes Jahr am 1. Mai sowie am Fest der Kreuzerhöhung eine Messe unter freiem Himmel abgehalten wird. Nach weiteren 35 Minuten erreichen Sie dann die Gipfel-Plattform mit den drei Kreuzen. Von hier hat man eine tolle Aussicht auf die Schlösser Neuschwanstein und Hohenschwangau und auf den Schwansee. Unter der Plattform verläuft ein Tunnel. Darin befinden sich mehrere kleine Kapellen, die das Leiden und Sterben Jesu nachempfinden lassen.

Der Füssener Kalvarienberg ist der Initiative von Johann Baptist Graf zu verdanken, der seit 1832 Stadtpfarrer von Füssen St. Mang war und seine ganze Schaffenskraft für den Berg einsetzte. Es war Graf immer ein Herzensanliegen, den Glauben an Jesus Christus und die Liebe zum Kreuz erfahrbar und erlebbar zu machen. Mit dem Denkmal dankte die Gemeinde ihm für seinen Einsatz.

Im unterhalb des Kalvarienbergs rund um den Schwansee angelegten Schwanseepark mit seinen Blumenwiesen sind sogar seltene Orchideen zu finden. Wenn Sie zurück den Weg über das Königssträßle nehmen, kommen Sie am Walderlebniszentrum Ziegelwies und am Lechfall vorbei. Wenn noch Zeit ist, lohnt es sich, hier einen Stopp einzulegen. Oder man geht ab dem Schwansee über den Fischersteig und den Alpenrosenweg zum Walderlebniszentrum.

Kalvarienberg Füssen · Parkplatz Tiroler Straße 23 · 87629 Füssen · Tel.0 83 62/9 38 50
www.fuessen.de, Haltestelle: Bahnhof Füssen, Fußweg ca. 50 Min.

KULTUR UND MUSIK IN DER MALZTENNE

41

Nach einem 40 Jahre langen Dornröschenschlaf wurde die ehemalige Tennenmälzerei der Brauerei Härle wieder zum Leben erweckt. Früher für die Keimung der Braugerste genutzt, keimt hier seitdem nur noch eines, die Kreativität! Heute finden in der Malztenne regelmäßig tolle Kultur- und Musikveranstaltungen statt.

Imposant steht es da, das stattliche im Stil der Gründerzeit erbaute Brauerei-Ziegelgebäude, in dem Clemens Härle sein erstes Bier braute. Von 1897 bis 1962 wurde die Malztenne für die Keimung der angefeuchteten Braugerste genutzt. Auf dem mit Solnhofener Kalkplatten belegten Boden musste die darauf ausgebreitete Gerste zweimal täglich von Hand gewendet werden. Als diese schweißtreibende Arbeit endlich vereinfacht werden konnte, verkümmerte die Malztenne zum Allzweckraum. Das sollte sich aber ändern, denn mehr als 100 Jahre nach der Brauerei-Gründung wurde der frühere Arbeitsraum durch Gottfried Härle wieder zum Leben erweckt. Seine besondere Atmosphäre verdankt der Raum den quadratisch angeordneten Stahlsäulen, die eine Deckenkonstruktion tragen. Die Malztenne gilt als ein gut erhaltenes Zeugnis der Industriearchitektur des ausgehenden 19. Jahrhunderts. Unter dem Motto »Bier & Spiele« fanden hier im Jahr 2002 die ersten Kultur- und Musikveranstaltungen statt.

Die Malztenne ist heute eine Bühne für Theateraufführungen, Kleinkunstabende, Lesungen, Jazz-Events oder Kabarett-Auftritte. Mittlerweile sogar auch open air, und wenn das Wetter nicht mitspielt, auch kein Problem, dann findet die Veranstaltung eben drinnen statt. Daneben werden ein- oder zweimal im Jahr im Rahmen der Leutkircher Sudhausgespräche aktuelle politische oder gesellschaftliche Themen zur Diskussion gestellt oder in Vorträgen näher beleuchtet. Vandana Shiva, die bekannte indische Aktivistin gegen Gentechnik in der Landwirtschaft, war dort ebenso schon zu Gast wie der chinesische Vorsitzende von Greenpeace oder der Bio-Pionier Joseph Wilhelm, Gründer des Naturkost-Herstellers Rapunzel.

Malztenne Leutkirch · Am Hopfengarten 5 · 88299 Leutkirch i. Allgäu · Tel. 0 75 61/9 82 80
www.haerle.de · Haltestelle: Bahnhof Leutkirch, Fußweg ca. 10 Min.

42 GROSSE BÜHNE IM FREIEN

Sie war schon immer etwas Besonderes in Altusried und gilt als eine der schönsten Freilichtbühnen Deutschlands. Als Schauplatz vieler Theateraufführungen und Konzerte und mit der gewaltigen Dachkonstruktion erinnert sie mit etwas Fantasie an die Oper von Sydney. Nur eben aus Holz.

Der bayerische Hiasl war 1879 das erste Stück, das in Altusried aufgeführt wurde. Im Jahr 1952 fanden dann die ersten Freilichtspiele auf dem Gelände des Riedbachs statt, das 1993 schließlich von der Gemeinde gekauft wurde. Der Ausbau des Festspielgeländes und der Zuschauertribüne begann 1997 und wurde zwei Jahre später mit neuester Ton- und Lichttechnik fertiggestellt. Unter dem über 3000 Quadratmeter großen freitragenden Dach, das in Europa einzigartig ist, finden seitdem 2500 Zuschauer Platz. Mit einer tollen Sicht auf die Naturbühne, die, unterteilt in Bühne und Spielhang, eine Gesamtfläche von mehr als 4500 Quadratmetern hat. Genug Platz also für eindrucksvolle Szenenbilder.

Für die Premiere im Neubau bei den Freilichtspielen 1999 wurde eigens das Stück *Bauernkrieg im Allgäu* geschrieben, das im Jahr 1525 spielt. Weitere Stücke wie *Wilhelm Tell* und *Andreas Hofer* folgten. Daneben werden aber auch kleinere Eigenproduktionen aus Altusried aufgeführt. Dazu gehören Märchen wie *Schneewittchen und die 7 Zwerge*, *König Drosselbart* oder *Das tapfere Schneiderlein* und Abendproduktionen wie Shakespeares Komödie *Viel Lärm um nichts* oder *Der Brandner Kaspar*. Doch damit nicht genug. Seit der Eröffnung der Freilichtanlage konnten inzwischen etwa eine halbe Million Zuschauer über 200 Aufführungen auf der Bühne verfolgen. Darunter auch zahlreiche Gastvorstellungen. Die Veranstaltungspalette reicht von Theater über Pop- und Rockkonzerte bis hin zu Klassikkonzerten und Opernaufführungen. Als Besucher werden Sie zudem vor den Aufführungen, in den Pausen und danach auf dem Vorplatz kulinarisch versorgt.

Freilichtbühne Altusried · Im Tal 17 · 87452 Altusried · Tel. 0 83 73/29 90 · www.altusried.de
Haltestelle: Bahnhof Kempten, Bus bis Altusried, Fußweg ca. 20 Min.

STIMMGEWALT IN ISNY

43

Die Isny-Oper zählt inzwischen zu den kulturellen Highlights der Stadt und lockt jedes Jahr zahlreiche Fans der klassischen Musik ins Allgäu. Die Freilichtbühne am Stadtgrabenweiher mit ihren farbenfrohen Inszenierungen ist spektakulär, die jungen stimmgewaltigen Darsteller sind es nicht weniger.

Zuerst war da eine Idee, dann die erste Veranstaltung im Jahr 1989. Damals noch unter städtischer Leitung, entstand schließlich im Januar 1994 der jetzige Trägerverein. Von Beginn an ist der in Isny aufgewachsene Hans-Christian Hauser der künstlerische Leiter der Isny-Oper. In Stuttgart geboren, wurde er an der Hochschule für Musik und Theater in München ausgebildet. Seinen Job macht er so gut, dass Kultusminister Klaus von Trotha zum zehnjährigen Bestehen der Oper den Landesförderbetrag erhöhte und die Zusammenarbeit zwischen Land, Stadt und Festival sicherte.

Beim Opernfestival erhalten besonders begabte Studenten von Musikhochschulen aus aller Welt die Möglichkeit, ihr Talent unter Beweis zu stellen. Auf der Freilichtbühne am Stadtgrabenweiher erwartet Sie deshalb jedes Jahr eine farbenfrohe Inszenierung mit noch unbekannten, aber ausdrucksstarken Stimmen. Nicht nur die Auswahl der Stücke, sondern auch die Zusammenstellung der Ensembles verspricht immer wieder aufs Neue spannende Aufführungen. Seitdem die Bühne unter den Trauerweiden zusätzlich um ein paar Meter in den See hinein verbreitert wurde, jedoch ohne die Atmosphäre dieses wunderbaren Ortes zu stören, sind Sie den Sängern noch näher.

Theaterfestival Isny. Genau das Richtige für Freunde der Bühne! Theater, Konzerte, Workshops.
www.theaterfestival-isny.de

Die Isny-Oper gastiert auch im Cuvilliés-Theater der Münchener Residenz oder im Wilhelma-Theater Stuttgart. Dies ermöglicht es den jungen Künstlern und Musikern, im Rahmen ihres Studiums noch weitere wichtige Erfahrungen zu sammeln.

Isny-Oper, Freundeskreis der Isny-Oper · Unterer Grabenweg 18 · 88316 Isny
Tel. 075 62/9 75 63 50 · www.isny-oper.de
Haltestelle: Bahnhof Wangen i. Allgäu, Bus bis Kurhaus Isny, Fußweg ca. 5 Min.

DAS HOTEL FÜR KINDER

44

»Geht es den Kindern gut, geht es auch der Familie gut!« Das Konzept des Kinderhotels Oberjoch scheint aufzugehen! Denn für die lieben Kleinen, vom Baby bis zum »Pubertier«, wird hier viel geboten und alles für den perfekten Familienurlaub getan. So bleibt Zeit für die Eltern.

In Deutschlands höchst gelegenem Bergdorf, auf 1200 Metern Höhe, steht das kinderfreundliche Hotel Oberjoch mitten in den Allgäuer Alpen. Was aber kann man sich unter dem Begriff Kinderhotel vorstellen? Mehr als eine Mal- und Bastelecke oder ein Kinderspielplatz? Definitiv ja, denn das Baby- und Kinderhotel Oberjoch bietet nicht nur eine altersgerechte Kinderbetreuung, sondern auch viele weitere und spannende Beschäftigungsmöglichkeiten. Hier kümmern sich nämlich etwa 20 geschulte Mitarbeiter um das Wohl der Kids. Dem Alter angepasst, steht neben Entwicklungsförderung, Schwimmkursen und aufregenden Entdeckungstouren noch einiges mehr auf dem Programm. Um die Ferien so richtig genießen zu können, dürfen im Babyhotel Allgäu bereits Säuglinge ab dem 7. Lebenstag in die Obhut professionell geschulter Mitarbeiter und Mitarbeiterinnen gegeben werden. Während des gesamten Aufenthalts steht dann auch eine umfangreiche Ausstattung vom Stillkissen bis zum Buggy kostenlos zur Verfügung.

Aber auch für die Großen wird einiges geboten, denn wenn der Nachwuchs in guten Händen ist, sind die Eltern an der Reihe, es sich gut gehen zu lassen! Die wunderschöne Landschaft direkt vor der Haustür lädt Sie zur Erkundungstour ein: Es warten ein gutes Buch oder eine ausgiebige Massage. Außerdem steht Ihnen eine großzügige Pool- und Saunalandschaft zur Verfügung. Das kulinarische Angebot, die Sport- und Wellness-Einrichtungen oder die Spielmöglichkeiten samt Kinderbetreuung sorgen für einen Rundum-Wohlfühleffekt für die ganze Familie. Auch wenn es ein wenig amerikanisiert wirkt, ist das Hotel für gestresste Familien sicher eine Alternative für einen unbeschwerten Urlaub!

Kinderhotel Oberjoch · Am Prinzenwald 3 · 87541 Bad Hindelang-Oberjoch · Tel. 0 83 24/70 90 · www.kinderhoteloberjoch.de · Haltestelle: Bahnhof Sonthofen, Bus bis Bad Hindelang-Oberjoch, Fußweg ca. 5 Min.

45 »MAX« LÄSST DIE PUPPEN TANZEN

Der Charme einer Aufführung des Wangener Puppentheaters lässt sich schwer in Worte fassen. Sven »MAX« von Falkowski müssen Sie einfach live erlebt haben! Auch die Großen erinnern sich beim Anblick von Kasperle gern an die eigene Kindheit. Puppentheater für Groß und Klein professionell und schön umgesetzt!

Als Sven von Falkowski Anfang 2000 von Würzburg nach Wangen kam, um ein Puppentheater zu eröffnen, traute ihm wohl kaum jemand zu, dass er damit tatsächlich Erfolg haben würde. Inzwischen hat er ihn, »MAX« und sein Theater sind heute weit über die Stadtgrenzen hinaus bekannt. Denn der Puppenspieler spielt spannende Geschichten nicht nur für Kinder. Ihren Spaß am Kasperle haben auch die Erwachsenen. Alle Stücke dauern etwa 45 Minuten und sind für Kinder ab drei Jahren geeignet.

Mit seinem Theater geht »MAX« aber auch auf Reisen. Von Januar bis Dezember ist er jedes Jahr mit der Reisebühne und den erfolgreichsten Inszenierungen unterwegs. Über die Handlung seiner Stücke verrät er grundsätzlich nichts. Zum einen, um die Spannung auf das, was kommen wird, nicht zu verderben, zum anderen, um sich die Spontaneität zu bewahren, die seine Auftritte auszeichnet. Gespielt wird dann in Schulen und Kindergärten, bei Vereins- oder Stadtfesten, in öffentlichen Sälen oder bei privaten Feiern, eben überall da, wo der Kasper und seine Freunde gern gesehene Gäste sind.

Natürlich ist so ein Spielbetrieb nicht allein zu stemmen, aber mit der Hilfe vieler Hände schon. Auch wenn die Besucher sie nicht zu Gesicht bekommen, ohne die vielen Helfer und die Förderung der Stadt Wangen gäbe es das Puppentheater nicht.

Wenn Sie einen unvergesslichen Kindergeburtstag verschenken möchten, sind Sie hier ebenfalls richtig. Denn das Team »MAX« organisiert alles für eine turbulente Geburtstagsfeier im Theater inklusive Kaspergeschichte, Blick hinter die Kulissen und natürlich ein Geschenk vom Kasper persönlich. Aber unbedingt rechtzeitig reservieren!

Wangener Puppentheater »MAX« · Lange Gasse 43 · 88239 Wangen i. Allgäu
Tel. 0 75 22/91 43 53 · www.wangener-puppentheater.de
Haltestelle: Bahnhof Wangen, Fußweg ca. 10 Min.

43
Lange Gasse
SPIELPLAN
2014
07. JANUAR BIS 16. FEBRUAR
"DIE SCHNEEKRISTALLPRINZESSIN"
18. FEBRUAR BIS 06. APRIL
"DRACHENLACHEN"
08. APRIL BIS 25. MAI
"EIN KOBOLD KOMMT SELTEN ALLEIN"
27. MAI BIS 13. JULI
"ALARM IM KASPERHAUS"
15. JULI BIS 24. AUGUST
"BITTE EINSTEIGEN NACH SONNENHAUSEN"
26. AUGUST BIS 12. OKTOBER
"SCHMUSEN MUSS SEIN"
14. OKTOBER BIS 30. NOVEMBER
"DIE SCHATZKARTE IN DER TEEKANNE"
02. DEZEMBER BIS 04. JANUAR 2015
"DAS TANNENBÄUMCHEN"
DAS THEATER IM HERZEN DER STADT
SPIELTAGE:
TÄGLICH (AUSSER MO.) ...
16.00 UHR
NUR FÜR ERWACHSENE ...
SAMSTAG / 20.30 UHR
DEN AKTUELLEN SPIELPLAN FÜR DIE LAUFENDE WOCHE HÖREN SIE AUF UNSEREM AB UNTER ...
07522 – 914353
RESERVIERUNG :
TEL.: 07522-914353
SMS: 0160-3191989
RESERVIERUNG NICHT VERGESSEN !
EMAIL:
DIREKTION@WANGENER-PUPPENTHEATER.DE
HOMEPAGE:
WWW.WANGENER-PUPPENTHEATER.DE
SVEN "MAX" VON FALKOWSKI

Freie Republik
Göhlenbühl 7
Eintritt nur mit Visum!
Die Welt ist ein Irrenhaus

DER ETWAS ANDERE ZIRKUS

46

Laut »Guinness Buch der Rekorde« ist das der kleinste Zirkus der Welt. Auf Löwen und Elefanten wartet man vergeblich. Hier gibt's eigentlich nur Haustiere, die aber mit verblüffenden Kunststücken überraschen. Dieter Schetz lebt und arbeitet mit ihnen hier auf seinem einzigartigen »Zirkus-Hof«.

Diesen speziellen Zirkus leitet der Alleinunterhalter, Zirkusdirektor und Dompteur ganz allein. Schnell hat er alle Umstehenden mit seinem fantastischen Witz und den zauberhaften Tricks in seinen Bann gezogen. Doch die eigentlichen Stars der Manege sind andere: allseits bekannte Haustiere mit außergewöhnlichen Fähigkeiten. Da stürzt sich eine Ente todesmutig über eine Rutsche in die Tiefe und dann ins Bassin. Katzen werden mittels lockendem Würstchen und viel Geduld dazu gebracht, durch eine Wand aus Zeitungspapier zu springen, einen Hahn auf dem Rücken zu tragen oder von einem hohen Podest auf den Arm ihres Dompteurs zu springen. Ein anderer Hahn lässt sich hypnotisieren, um dann auf Kommando zu krähen. Es gibt Hunde, denen nichts zu heiß ist, Schweine, die durch Feuerreifen rutschen und vieles, vieles mehr. Über 50 Tiere warten nur darauf, die Zuschauer mit ihren kleinen Kunststückchen zu begeistern – mit einfachsten Mitteln inszeniert vom Dompteur Schetz und stets mit dessen bekannt trockenen Kommentaren unterlegt.

Hier auf dem Hof leben sie allerdings nur, aber allein die Atmosphäre ist einen Besuch wert. Wenn Sie die Rasselbande live erleben möchten, dürfen Sie einen der vielen Auftritte keinesfalls verpassen. Die Orte des Geschehens sind unterschiedlich. Fußgängerzonen, Volksfeste und andere Veranstaltungen. Wenn der »Zirkus Liberta« mit seinem speziellen Wagen haltmacht, ist etwas geboten. Dieter Schetz entpuppt sich auch schnell selbst als sympathisch schräger Vogel. Exoten kommen ihm nicht ins Haus – oder in den Zirkus. Berührungsängste scheint es auch bei Kindern nicht zu geben. Da wird das Schwein angefasst oder ein Huhn im Vorbeigehen gestreichelt.

Zirkus Liberta · nach Vereinbarung · Göhlenbühl 7 · 87509 Immenstadt · Tel. 08323/800406
www.zirkus-liberta.de · Haltestelle: Bahnhof Immenstadt, Fußweg ca. 1,5 Std., besser mit dem Auto

47 ACTION ZWISCHEN DEN SCHANZEN

1910 wurde in Oberstdorf an der Halde die erste Sprungschanze gebaut. Inzwischen gibt es am Schattenberg rund um die fünf Schanzen eine ganze Arena als Eventlocation, in der Sie mit der Familie das ganze Jahr über einiges unternehmen können: vom Tubing bis zum Laserbiathlon.

Da sich die sonnige Lage an der Halde und der Schnee nicht gut vertragen, entstand die neue Schanze 1925 am Fuß des Schattenbergs. In den Jahren 1930 und 1936 wurde sie sogar noch einmal vergrößert. Freiwillige Helfer haben die Schanze nach dem Krieg mit gestiftetem Holz wieder aufgebaut und gerade rechtzeitig zu Neujahr 1946 fertiggestellt, sodass ab da wieder gesprungen werden konnte. Nach zahlreichen Neu- und Umbauten zählt sie mit ihren fünf Schanzen seit Ende 2003 zu den modernsten Skisprunganlagen der Welt. Als eine Neuheit im internationalen Skisport übernahm die Brauerei Erdinger von Dezember 2004 bis November 2017 das Namenssponsoring der Arena als »Erdinger Arena«. Seit Dezember 2017 heißt sie »Audi Arena Oberstdorf Allgäu«.

Hier finden nicht nur die jährlichen Eröffnungsspringen der Vierschanzentournee statt, sondern auch Sprungwettbewerbe der FIS sowie im Sommer zahlreiche Veranstaltungen wie der »FIS Sommer Grand Prix« in der Nordischen Kombination, die »Schanzengaudi« und vieles mehr. Außerdem bietet Ihnen die Eventlocation ein außergewöhnliches Outdoor-Angebot wie den Skywalk-Kletterpark zwischen den beiden Großschanzen. Dazu unter anderem Tubing, Laserbiathlon, Segway, Zorbing, Slackline und Diskcgolf. Bei einem Skisprung-Workshop können Sie erste Erfahrungen auf der Sprungschanze machen oder bei einer Führung den grandiosen Ausblick vom Schanzenturm aus genießen. Daneben gibt es ein Skimuseum für einen Einblick in die Geschichte des Wintersports. Über das Museum gelangen Sie auf die Sonnenterrasse, auf der Sie kleine Snacks und Getränke genießen können. Ein Highlight im Sommer ist das Open-Air-Kino zwischen den Schanzen – ein echter Hingucker.

Audi Arena Oberstdorf Allgäu · Mo–So 10–17 Uhr · Am Faltenbach 27 · 87561 Oberstdorf
Tel. 0 83 22/8 09 03 00 · www.audiarena.de ·Haltestelle: Bahnhof Oberstdorf, Fußweg ca. 15 Min.

ZURÜCK AUF DIE SCHULBANK

48

Erinnern oder Staunen? Wenn Sie auf dem Land groß geworden sind, werden Sie vielleicht noch wissen, wie das früher war, als Schüler jeden Alters gemeinsam unterrichtet wurden. Das Dorfschulmuseum in Daxberg lässt diese Zeit wieder lebendig werden, die originale Einrichtung von damals tut ihr Eigenes dazu!

Das im Jahr 1988, passenderweise in einem ehemaligen Schulhaus eröffnete Dorfschulmuseum hat sich nämlich auf die Fahne geschrieben, diese Art des Unterrichts nicht in Vergessenheit geraten zu lassen. Das Museum befindet sich im ehemaligen Schulsaal mit dem erhöhten Lehrerpult, den alten Holzschulbänken sowie der Zählmaschine, dem Harmonium und dem angrenzenden Lehrmittelraum. Alles sieht noch so aus wie im Schuljahr 1948/49. Mit den zahlreichen noch vorhandenen Utensilien kann sogar ein Schultag nachgestellt und mit dem Griffel an der Tafel geschrieben werden. Auch gibt es Antworten auf die Fragen, was man sich unter den damaligen Schulstrafen wie dem Holzscheitknien, dem Tatzengeben und dem Verabreichen eines Hosenspanners vorstellen muss. Und wurde es überhaupt richtig warm in dem mit Holz und Kohle beheizten Klassenzimmer?

Klassen, in denen alle acht Schuljahrgänge zusammensaßen, waren damals normal. Den Museumsbetreibern geht es aber nicht darum, der »guten alten Zeit« zu frönen, sie möchten den heutigen Schulkindern die Vergangenheit nahebringen. Während der Führungen kann der Unterricht von damals live erlebt werden. Dabei dürfte bei älteren Besuchern die eine oder andere heitere oder aber auch schlimme Erinnerung wach werden. Jüngere Besucher bekommen dagegen einen Eindruck von der Schulzeit ihrer Großeltern. Es wird sich aber auch kritisch mit den harten Strafen für die Schulkinder auseinandergesetzt. Außerdem sind im Dachgeschoss verschiedene Sammlungen von Schulbüchern aus unterschiedlichen Epochen sowie alte Schreibgeräte und weitere Unterrichtsutensilien wie Holzzirkel, Schiefertafeln etc. ausgestellt.

---

1. Allgäu-Schwäbisches Dorfschulmuseum · Ostern–Ende Okt. So, Feiertag 14–17 Uhr, Führungen ganzjährig nach Voranmeldung · Ortsstraße 17 · 87746 Erkheim-Daxberg Tel. 0 83 36/73 24 · www.erkheim.de · Haltestelle: Bahnhof Sontheim, Bus bis Erkheim, Fußweg ca. 5 Min.

MUSEUMS-REIF

AUSGESTELLTE KUNST ENTDECKEN

49 ALLTAG DER MÖNCHE

1975 wurde der Grundstein für das Kartausenmuseum in Buxheim gelegt, das in den folgenden Jahren stetig erweitert wurde. Drei ehemalige Zellen, in denen die Mönche lebten, sind in das Museum integriert worden. Sie gewähren einen kleinen Einblick in das Leben im Kartäuserorden.

Die ehemaligen Mönchszellen, die jeweils aus drei Räumen bestanden, wurden 2007 im Rahmen der Umgestaltung des Museums völlig neu ausgestattet. Die erste Zelle informiert seither über den heiligen Bruno von Köln, den Gründer des Ordens, über die Geschichte der Kartause Buxheim, die noch heute bestehenden weiteren Kartäuserklöster und die Besitztümer der Buxheimer Kartause. Die Rekonstruktionen der *Kartäusertriptychons* von Bernhard Strigel, eines Flügelaltars aus der Ulmer Werkstatt sowie Wechselbilder von Gabriel Weiß können Sie hier ebenfalls besichtigen. Mehr über das Leben der Mönche erfährt man in der zweiten Zelle. Die Bilder der Kartause Marienau gewähren einen Einblick in die Wohn- und Schlafräume sowie in die Werkstatt und den Kartausengarten. Im Ave-Maria-Altar ist zudem eine Kopie eines Holzschnitts von Albrecht Dürer zu sehen.

Originalbücher der ehemaligen Bibliothek, die einst aus über 15 000 Büchern bestand, sind in einem Raum der Mönchszelle 3 zu finden. Die wertvollen Drucke ließ der unter Finanznot leidende Graf Waldbott von Bassenheim leider im Jahr 1883 versteigern, aber dem Heimatdienst ist es durch großes Engagement bisher gelungen, 1200 Bücher ausfindig zu machen und zurückzukaufen. Ein maßstabsgetreues Modell aus dem Jahr 1975, das die gesamte Anlage der Buxheimer Reichskartause zeigt, sowie Schautafeln informieren zudem über die Zeit vom Barock bis zur Gegenwart. Natürlich auch über den berühmten Kartäuserlikör Grande Chartreuse, der wahrscheinlich bekannter ist als die Kartäuser es selbst sind – und der im Museumsshop der Kartause erhältlich ist.

Kartausenmuseum Buxheim · April–Nov. tgl. 10–17 Uhr, Führungen nach Anmeldung
Tel. 0 83 31/6 18 04 · www.kartause-buxheim.de · Haltestelle: Bahnhof Memmingen, Bus bis Buxheim Maienplatz

GUT BEHÜTET

50

Es ist das einzige Hutmuseum in Bayern! Wer hätte gedacht, dass Lindenberg einst das »Klein-Paris der Hutmode« war. Hüte, so weit das Auge reicht, dazu spezielle Nähmaschinen, Werkzeuge und Material. Die neue Kulturfabrik in der Stadtmitte ist wirklich eine Erlebniswelt. Eine interaktive sogar!

Mit dem Umzug in die ehemalige Hutfabrik Reich hat sich das Museum vergrößert. Zwei der vier Stockwerke der neuen Kulturfabrik sind jetzt für Dauerausstellungen des neuen Deutschen Hutmuseums vorgesehen, eine weitere Etage des Fabrikgebäudes für Wechselausstellungen.

Hutstadt Lindenberg, Hutmode und Hutherstellung, das sind die drei Hauptthemen, die seit der Neueröffnung auf fast 1000 Quadratmetern Fläche gezeigt werden. Natürlich immer mit den passenden Hüten aus der riesigen Sammlung. Es gibt vieles zu entdecken, denn in 300 Jahren ist viel passiert in der Welt der Hüte. Sogar ein eigenes »Fabrik-Kino« gibt es, das Filme über das Hutmacherhandwerk zeigt, und im »Huttornado« entdecken Sie bekannte Hutträger. An Mitmachstationen kann ausprobiert werden, und unter dem Dach steht ein großer Veranstaltungsraum zur Verfügung.

Lindenberg hat Tradition, genauer gesagt Huttradition. Denn schon im 17. Jahrhundert hat man hier Strohhüte hergestellt und vertrieben. Das »Klein-Paris der Hutmode« wurde die Stadt im 19. Jahrhundert sogar genannt, und jährlich wurden etwa acht Millionen Strohhüte von hier aus in die Welt verschickt. Das Museum führt durch diese 300 interessanten Jahre der Mode- und Kulturgeschichte. Hutgeschichte zum Anfassen und Aufsetzen. Sie kann man im Deutschen Hutmuseum Lindenberg im wahrsten Sinne des Wortes »begreifen«.

Die Huttradition in Lindenberg spiegelt sich aber nicht nur im Museum oder auf dem Hutmacherplatz wider. Seit 2010 wird auch alle zwei Jahre die Deutsche Hutkönigin gewählt. Am sogenannten Huttag wird dann wieder Hut getragen – und das von jedermann.

Deutsches Hutmuseum Lindenberg · Di–So 9.30–17 Uhr
Sonnenstraße 9 · 88161 Lindenberg i. Allgäu · Tel. 0 83 81/8 03 28 · www.lindenberg.de
Haltestelle: Busbahnhof Lindenberg, Fußweg ca. 8 Min.

51 ZEIT FÜR STEINE

Mit »Berg-Schätzen« aus ganz Europa und dem Allgäu, mit der Steinmühle, dem kleinen Lehrpfad der Erdgeschichte und dem Mineraliensammelplatz soll aus dem privaten Museum von Reiner Augsten ein spannendes Erlebnisdorf werden. Eigentlich ist ja alles schon da, nur noch nicht ganz fertig!

Die Allgäuer Steinerlebniswelt von Reiner Augsten gehört tatsächlich schon heute zu den musealen Attraktionen im südlichen Allgäu. Denn in dem privat geführten Museum werden etwa 2400 Exponate von Kristallen und geschliffenen Mineralien gezeigt, die Augsten in ganz Europa fand. Aber auch farbenprächtige, heimische Gesteine sowie Millionen Jahre alte Fossilien. Da er seine Funde aus über 350 teils klassischen, europäischen Fundstellen selbst bearbeitet, hat er eine eigene Steinschleiferei sowie eine »Steinwerkstatt« im Haus untergebracht. Mit seiner Kugelschleifmaschine fertigt er außerdem seine sogenannten »Kappeler Königskugeln«.

Durch tagelanges, ständiges Drehen und Schleifen entstehen darin aus Gesteinsbrocken wie beispielsweise Lapislazuli kleine runde, glänzende Kunstwerke. Am Mineraliensammelplatz kann man dann sogar selbst nach Mineralien und Kristallen aus aller Welt suchen, und wer gerne einmal Steine klopfen möchte, wird sich über den »Steinklopfplatz« freuen. Ein Abenteuer für Groß und Klein. Bald wird auch ein Lehrpfad entstehen, auf dem man dann »durch die Gesteinsschichten« und die letzten Jahrmillionen der Erdgeschichte wandern kann.

Kappel soll ein Naturerlebnis zum Anfassen werden, und das nicht nur für Mineraliensammler. Auch Anhänger der Steinheilkunde und Esoterik will Reiner Augsten ansprechen. Zudem gibt es eine Fundstellenliste, die ständig aktualisiert wird und die auch online abrufbar ist. Da es ihm sehr am Herzen liegt, über die Schönheit der Natur zu informieren, ist der Eintritt für interessierte Besucher frei. Anschauen und anfassen dürfen Sie also kostenlos, erst wenn Sie Steine schleifen lassen, wird zur Kasse gebeten.

Allgäuer Steinerlebniswelt · Mo, Mi, Fr 15.30–18.30 Uhr
Kreuzleweg 18 · 87459 Pfronten-Kappel · Tel. 0 83 63/92 66 12 · www.steinerlebniswelt.de
Haltestelle: Bahnhof Pfronten-Weißbach, Fußweg 5 Min.

CHRYSOK... ...ITHSONIT, HEMIMORPHIT Sa Duchessa
AURICHALCIT
Sa Duchessa

KUNST UND KULTUR IN HISTORISCHEM GEMÄUER

52

Kunst wird großgeschrieben im denkmalgeschützten Schloss Isny. In dem ehemaligen Benediktinerkloster wird sie für jeden Besucher lebendig, denn die ausgestellten Werke würdigen gleichermaßen die über 900-jährige Geschichte des Schlosses als auch die Allgäuer Landschaft.

Als die gesamte Schlossanlage im Jahr 1996 zum Verkauf stand, die Stadt Isny aber ablehnte, erwarb eine Bürgergruppe um den Künstler Friedrich Hechelmann das Anwesen und gründete 1998 die »Friedrich Hechelmann und Schloss Isny Kunst- und Kulturstiftung«. Die ehemalige Remise des Schlosses beherbergt heute die städtische Galerie, Räume für wechselnde Kunstausstellungen der Stiftung und die neue Kunsthalle, als Nachfolgerin der von Friedrich Hechelmann im Jahr 1993 gegründeten Kunsthalle Schwaben in Hofen. Der 1948 in Isny im Allgäu geborene Maler und Buchillustrator war von 1969 bis 1972 Meisterschüler bei Professor Rudolf Hausner an der Akademie der bildenden Künste in Wien. Seine Visionen und Philosophie setzt er seither mit großem Enthusiasmus um, sie spiegeln sich in seinen zahllosen Bildern, Illustrationen und Büchern wider. In der neuen Kunsthalle konnten nun erstmals viele seiner großformatigen Werke der Öffentlichkeit präsentiert werden. Heute zeigt die Kunsthalle Isny eine Dauerausstellung der Werke von Friedrich Hechelmann.

Das buddhistische Waldkloster zwischen Isny und Buchenberg – ein Besuch ist aber nur nach vorheriger Anmeldung möglich!

Der ehemalige Speisesaal des Klosters ist eine weitere Attraktion des Schlosses. Im feierlichsten Saal der Stadt finden kulturelle Veranstaltungen wie Konzerte und Vorträge statt. Außerdem werden museumspädagogische Führungen für Familien und Kinder ab sechs Jahren angeboten.

Im Museumsshop der Kunsthalle befindet sich darüber hinaus ein großes Sortiment an Kunstpostkarten und Büchern, Faksimiles und kunstvoll handbemaltem Porzellan.

Kunsthalle im Schloss · Mi–Fr 14–18 Uhr, Sa, So, Feiertag 11–18 Uhr
Schloss 1 · 88316 Isny i. Allgäu · Tel. 0 75 62/91 41 00 · www.kunsthalle-schloss-isny.de
Haltestelle: Bahnhof Wangen i. Allgäu, Bus bis Kurhaus Isny, Fußweg ca. 5 Min.

53 MODERNE KUNST UND ARCHITEKTUR IM KÜNSTLERHAUS

In einem außergewöhnlichen Gebäude ist ein modernes Museum untergebracht, das sich ganz der zeitgenössischen Kunst verschrieben hat. Doch hier wird Kunst nicht nur ausgestellt, in dem modernen Klinkerbau wird sie auch hergestellt. Denn das Haus beherbergt auch eine eigene Kunstwerkstatt.

Da unter anderem für die eindrucksvolle Kunstsammlung der Kunst- und Kulturstiftung Dr. Geiger-Haus Ausstellungsräume benötigt wurden, wurde das Künstlerhaus erbaut und im Jahr 2001 eröffnet. Die inzwischen jährlich stattfindende »Ostallgäuer Kunstausstellung« veranstaltete die Stadt 1978 zum ersten Mal, aber seit 2006 präsentieren auch Kunstschaffende aus der Region ihre Arbeiten im Künstlerhaus. Durch Ankäufe baut die Stadt Marktoberdorf seitdem ihre Sammlung zeitgenössischer, schwäbischer Kunst stetig aus. Mittlerweile umfasst sie über 250 Gemälde, Zeichnungen, Fotografien und Plastiken. Die Arbeiten, die nicht gezeigt werden, lagern im Untergeschoss im 50 Quadratmeter großen hauseigenen Museumsdepot unter musealen Bedingungen bei gleichbleibendem Klima.

Marktoberdorf ist eine junge Stadt in ländlicher Umgebung. Vielleicht ist das ein Grund dafür, dass kaum ein Bauprojekt in den vergangenen Jahren für so viel Gesprächsstoff gesorgt hat wie das Künstlerhaus. Fast wie eine Festung steht er da, der kubische Bau im Zentrum der Stadt. Aber nicht, um abzuwehren, sondern um einzuladen.

Den Auftrag für den Bau des Gebäudes erhielt das Schweizer Architektenteam Andrea Deplazes und Valentin Bearth, die nicht nur einen bloßen Ausstellungsort schaffen wollten, sondern Kunst sollte hier auch entstehen. »Der werkstättliche Charakter des Künstlerhauses mit Sichtmauerwerk auch im Inneren bringt die Idee der lebendigen Galerie zum Ausdruck, deren Anliegen für einmal nicht der über alles gestellte, neutrale Raum sein will.«

Künstlerhaus Marktoberdorf · Di, Mi–Fr 15–18 Uhr, Sa, So, Feiertag 14–18 Uhr · Kemptener Straße 5 · 87616 Marktoberdorf · Tel. 0 83 42/91 83 37 · www.kuenstlerhaus-marktoberdorf.de
Haltestelle: Bahnhof Marktoberdorf, Fußweg ca. 3 Min.

KÜNSTLERHAUS MARKTOBERDORF
ZEITGENÖSSISCHE SAMMLUNG AUS SCHWABEN

ALPENLAND UND MITTELALTERLICHE KUNST

54

Dass das Allgäu eine wunderschöne Landschaft zu bieten hat, dürfte sich ja schon herumgesprochen haben. In der Alpenländischen Galerie, im ehemaligen fürstabtlichen Marstall, treffen die Besucher aber auch auf Meisterwerke der Gotik in Form von Tafelbildern oder Flügelaltären sowie Schnitzereien.

Als Zweigmuseum des Bayerischen Nationalmuseums ist die Alpenländische Galerie zusammen mit dem Alpinmuseum im ehemaligen Marstall der Kemptener Fürstäbte untergebracht. Beide Museen wurden vom Bayerischen Nationalmuseum eingerichtet, das auch den Großteil der gezeigten Gemälde und Skulpturen stellt. Aber auch die Stadt Kempten stellt einige Leihgaben und ist für den laufenden Museumsbetrieb verantwortlich. Gezeigt wird religiöse, mittelalterliche Kunst des Alpenraums zwischen dem Bodensee und den Ostalpen; der Schwerpunkt liegt dabei auf Allgäu-Schwaben und Tirol. Zudem gibt es ein vielfältiges Begleitprogramm mit Vorträgen, musikalischen Aufführungen oder museumspädagogischen Veranstaltungen. Öffentliche Führungen durch die Alpenländische Galerie finden jeweils am zweiten Sonntag im Monat, um 11 Uhr statt. Für Gruppen können Sondertermine vereinbart werden, ebenso wie für die Themenführung »Künstlerische Techniken der Gotik«. Die Ausstellung in der Alpenländischen Galerie ist nur noch bis Oktober 2015 in Kempten zu bewundern.

In Kempten gibt es noch eine Vielzahl weiterer interessanter Museen.
www.museen-kempten.de

Für diejenigen, die mehr über die Geologie Süddeutschlands erfahren möchten, veranstaltet die VHS Kempten jährlich Exkursionen zu den weltberühmten Meteoritenkratern Nördlinger Ries und Steinheimer Becken bei Heidenheim. Dabei werden zahlreiche Steinbrüche, Burgfelsen, Weganrisse und Aussichtspunkte besucht sowie Gesteine, Fossilien und Phänomene eingehend untersucht. Manchmal sind dafür kurze, aber einfache Wanderungen erforderlich.

Alpenländische Galerie · März–Mitte Nov. Di–So 10–16 Uhr
Landwehrstraße 4, 87439 Kempten Tel. 08 31/2 52 57 40 · www.museen-kempten.de
Haltestelle: Bahnhof Kempten, Fußweg ca. 5 Min.

55 SCHMÖKERN IN DER ISNYER PRÄDIKANTEN-BIBLIOTHEK

Nachdem 1455 der Umbau der Nikolaikirche fast beendet war, wurde auch eine neue Sakristei in den Turm gebaut. Da über der Sakristei noch Platz war, hat man hier eine Bücherei eingerichtet. Heute ist diese die einzige im ursprünglichen Zustand erhaltene mittelalterliche Prädikantenbibliothek.

Die Arbeiten an der Bücherei, die heute als ein »bibliothekarisches Gesamtdenkmal« angesehen wird, waren schließlich 1506 beendet. Seit damals ist die Prädikantenbibliothek ein Ort, der die Zeit-, Kultur- und Kirchengeschichte des ausgehenden Mittelalters und der beginnenden Neuzeit der Reichsstadt Isny dokumentiert. Zu ihrem Bestand gehören unter anderem 70 Handschriften, 171 Inkunabeln und etwa 2400 Druckwerke des 16. bis 18. Jahrhunderts. Manche Handschrift wurde sogar angekettet, um sie vor Diebstahl zu schützen. An einigen Bänden sind sogar noch die Ösen vorhanden.

Prall gefüllt, vom dicken Wälzer bis zum Handbuch, sind die über drei Meter hohen Stehregale der Bibliothek, die über fünf Jahrhunderte Kriege und Feuer überstand. Dass sie samt der Sakristei von dem verheerenden Brand 1631 verschont blieb, während das komplette Schiff der Nikolaikirche ausbrannte, sehen viele als glückliche Fügung. Aber ganz ohne Schäden kam sie über die Jahrhunderte doch nicht davon. Denn mit beginnender Schneeschmelze zerschlugen immer wieder Dachlawinen vom Turm die Dachziegel. Meistens wurde es erst entdeckt, wenn es schon zu spät war. Aber trotz all der Wassereinbrüche sind die Bücher heute in einem erstaunlich guten Zustand. Die dicken Mauern der Bibliothek, die nie beheizt wurde, haben auch ihren Teil dazu beigetragen und sorgten für geringe Temperaturschwankungen. Außerdem regelten die in allen Regalen hinter den Büchern abgelegten Hopfenblüten die Luftfeuchtigkeit und bewahrten sie vor Schädlingen. Die meisten Bücher kamen wohl durch Schenkungen und Stiftungen in die Bibliothek, nur sehr wenige wurden gekauft.

Isnyer Prädikantenbibliothek · Ostern–31. Okt. Mi ab 10.30 Uhr
Kirchplatz 1 · 88316 Isny i. Allgäu · Tel. 07562/55902 · www.isny-evangelisch.de
Haltestelle: Bahnhof Wangen i. Allgäu, Bus Isny Marktplatz, Fußweg ca. 5 Min.

Museumsdruckerei

GUTENBERG LÄSST GRÜSSEN!

56

Direkt am Marktplatz sind sie zu finden, die Wangener Museen. Wie an einer Perlenschur aufgereiht in der ehemaligen »Eselsmühle«. Etwas unscheinbar, gleich nebenan liegt die Museumsdruckerei. Spannend, wie die ersten Druckmaschinen und beweglichen Lettern entstanden.

Die Möglichkeit, alte Druckerschwärze zu riechen, haben wir heute nicht mehr oft. Dem einen oder anderen bereitet der Geruch sogar Gänsehaut, denn er erinnert an alte Bücher, in denen man noch in der einen oder anderen Bibliothek schmökern kann. Schwarze Finger? Die bekommt man dabei heute nicht mehr, denn der Buchdruck hat sich verändert. Druckte man früher noch mit beweglichen Lettern, kommen heute andere Druckverfahren ins Spiel. In der Museumsdruckerei ist aber noch alles beim Alten. Hier können Sie auch eine originalgetreu eingerichtete Buchdruckerei besichtigen. Sogar der hölzerne Nachbau einer originalen Gutenberg-Druckmaschine aus dem Jahr 1825 wird gezeigt. Diese gilt zu Recht als Highlight des Museums. Eine Spindelpresse setzte Gutenberg schon um 1442 für den Buchdruck ein. Damals, als der Druck noch in den Kinderschuhen steckte, wurden umgebaute Weinpressen dafür verwendet. Trotz der technischen Weiterentwicklung sind die Handpressen aber nicht ganz verschwunden, sondern kommen nach wie vor bei Kleinstauflagen zum Einsatz.

Die bauhistorische »Badstube« mit Waschzubern und Kupferkessel in der Kreuzgewölbehalle unter der städtischen Galerie

Weitere wertvolle und sehenswerte Stücke sind die erste eiserne Boston-Kleindruck-Tiegelpresse von 1860 oder der Phönix-Buchdruck-Tiegel nach Gally-System aus dem Jahr 1900 sowie zahlreiche Setzkästen und Originalmatern. Die Dauerleihgaben der Druckerei J. Walchner KG werden nach vorheriger Anmeldung vom ehemaligen Betriebsleiter der Druckerei, Max Zeller, gern fachmännisch erläutert. Jeden Dienstag, beim sogenannten Aktionstag, kommen die alten Maschinen zum Einsatz.

Museumsdruckerei · April–Okt. Di 14–17 Uhr und auf Anfrage
Lange Gasse 3 · 88239 Wangen i. Allgäu · Tel. 0 83 23/80 25 93 · www.wangen.de
Haltestelle: Bahnhof Wangen, Fußweg ca. 10 Min.

57 DAS RUDOLF-WACHTER-MUSEUM IM NEUEN SCHLOSS

Das Neue Schloss in Kißlegg beherbergt seit 2005 einen großen Bestand der Werke des Holzbildhauers Rudolf Wachter. Seine Arbeiten haben maßgeblich zu einer neuen Sicht auf die Holzbildhauerei in Deutschland beigetragen. Eine gelungene Mischung aus Material, Form und Natur.

Schon das nach Entwürfen des Füssener Baumeisters Johann Georg Fischer zwischen 1721 und 1727 erbaute Neue Schloss mit seinen Beletagen, den mit reichlich Stuck versehenen Barockräumen und den zahlreichen Fresken ist einen Besuch wert. Heute beherbergt es auf drei Stockwerke verteilt neben dem Heimatmuseum, das Gäste- und das Bürgerbüro der Gemeinde Kißlegg und das Rudolf-Wachter-Museum.

Der 1923 geborene Holzbildhauer war bei seinen verschiedenen Werkreihen stets der Form und Struktur des Holzes auf der Spur. Er orientierte sich am Wuchs des Holzes, und so entstanden minimalistische, abstrakte Formen, die er mit nur wenigen Eingriffen hervorbrachte. Seine teils monumentalen Arbeiten und Wandreliefs bilden eine symbiotische Verbindung von Kunst und Natur, und durch die Gestaltung in Quader oder Rundkörper gelingt es ihm, dem Betrachter die Ausdruckskraft der im Holz angelegten Strukturen nahezubringen. Der künstlerische Gestaltungsprozess sollte eine Art Kräftemessen oder Dialog zwischen Mensch und Natur sein. Auf dem Skulpturenweg, der am Neuen Schloss beginnt, werden an weiteren zehn Stationen in den Landkreisen Ravensburg und Sigmaringen die unterschiedlichen Schaffensphasen des 2011 verstorbenen Bildhauers vorgestellt.

Nicht alle Bereiche des Schlosses sind ständig zugänglich, deshalb sollten Sie sich vor einem geplanten Besuch informieren. Nach Anmeldung können sämtliche Räume im Rahmen einer gebuchten Führung oder bei einer der jeweils am Sonntag um 15 Uhr stattfindenden Führungen besucht werden.

Neues Schloss · März–Okt. Di, Do, Fr 14–17 Uhr, So, Feiertag 13–17 Uhr
Schlossstraße 5 · 88353 Kißlegg · Tel. 0 75 63/93 61 42 · www.kisslegg.de
Haltestelle: Bahnhof Kißlegg, Fußweg ca. 5 Min.

58 MITTEN IN DER KASERNE

Es ist das einzige Gebirgsjägermuseum Deutschlands. Man kann es aber nicht so einfach besichtigen, es liegt nämlich auf dem Gelände der Grüntenkaserne im Wachgebäude. Um dort hineinzukommen, muss man klingeln und sich anmelden. Aber aufgepasst, ohne Ausweis gibt es keinen Einlass!

Das Gebirgsjägermuseum in Sonthofen gibt es seit 1993. Es ging aus der 1987 gegründeten Traditionssammlung des Gebirgsinstandsetzungs-Bataillons 8 hervor. Die Sammlung zeigt nach dem Umzug ins Wachgebäude auf einer Ausstellungsfläche von ca. 240 Quadratmetern die Geschichte der Deutschen Gebirgsjäger von 1915 bis heute. Ein Besuch lohnt schon deshalb, weil sich dort auch Ausstellungsstücke befinden, die nicht immer den allgemeinen Vorstellungen entsprechen, aber trotzdem original sind.

Auf acht Räume verteilt, hat sich das Museum zur Aufgabe gemacht, den Soldaten der Bundeswehr, speziell denen der Gebirgstruppe, aber auch allen anderen Besuchern ein besonderes Kapitel der deutschen Militärgeschichte nahezubringen. In der relativ jungen Geschichte der Gebirgstruppe spielte nämlich das Allgäu 1915 bei der Gründung der Deutschen Gebirgstruppe in Immenstadt und Sonthofen eine große Rolle. Und für die Gemeinden ist dies ein wichtiger Teil der Heimatgeschichte.

Im Museum gibt es folgende Themenbereiche: die Entstehung der deutschen Gebirgstruppe, das Jäger-Regiment 3 und die Schneeschuh-Ersatzabteilung, die Gedenkstätten der deutschen Gebirgstruppe I. WK, Sonthofen als Garnison 1915–1918, die Gebirgstruppe der Reichswehr, die Gebirgstruppe der Wehrmacht, Sonthofen als Garnison 1936–1945 und die Gebirgstruppe der Bundeswehr im Allgäu. Darüber hinaus können Uniformen, verschiedene Waffen und Orden bestaunt werden, und Fotos und Dokumente informieren über die Geschichte des Militärs. Sollte die Bundeswehr ihre Truppen im Allgäu reduzieren, wird das Museum wahrscheinlich geschlossen werden.

Historische Sammlung der Gebirgstruppe Sonthofen · Mitte Dez.–Mitte Okt. So 10–12 Uhr
Grüntenkaserne · Salzweg 24, Torgebäude (Wache) · 87527 Sonthofen · Tel. 08321/2783024
www.sonthofen.de · Haltestelle: Bahnhof Sonthofen, Fußweg ca. 15 Min.

KUNST UNTER PRÄCHTIGEM STUCK

59

Schloss Achberg liegt eingebettet in den sanften Hügeln des Voralpenlandes. Hier thront es auf einem Bergsporn oberhalb der Argenschlucht. Im Inneren können Sie beeindruckende Meisterwerke barocker Stuckateurskunst besichtigen, was das schlichte Äußere des Schlosses kaum erahnen lässt.

Die Ursprünge des heutigen Deutschordensschlosses sind im 16. Jahrhundert zu finden. Eine mittelalterliche „Burg zu Achberg" wurde aber bereits 1335 erstmals schriftlich erwähnt. 1691 erwirbt der Deutsche Orden die Herrschaft Achberg. Landkomtur Franz Benedikt von Baden lässt das Schloss von 1693 bis 1700 prachtvoll im Stil des Barocks ausbauen – ganz seiner adligen Lebensführung entsprechend. 1806 erhält das Fürstentum Hohenzollern-Sigmaringen die Herrschaft Achberg, ab 1849/50 bildet Achberg den südlichsten Teil Preußens. Im Besitz des Hauses Hohenzollern blieb es bis 1982. 1988 erwarb der Landkreis Ravensburg das Schloss. Von 1989 bis 1994 wurde es durch das Landesdenkmalamt mustersaniert.

Bis heute beeindruckt Schloss Achberg in allen Räumen mit seinen prachtvollen Decken aus weißem Stuck. Im Rittersaal wiegt der kunstvoll geformte Stuck an der Decke allein mehr als 30 Tonnen. Um diese Last zu halten, ist diese an vielen alten Balken und neuen Drahtseilen aufgehängt. Daher hat das Schloss gleich drei Dachböden übereinander. Seine Lage im wildromantischen Argental und ganz in der Nähe des Bodensees machen Schloss Achberg für Sie zu einem idealen Ausflugsziel und Ausgangspunkt für Wanderungen und Radtouren.

Seit Anfang 1995 ist Schloss Achberg für die Öffentlichkeit zugänglich und bietet Ihnen von Frühjahr bis Herbst ein reiches Kulturangebot mit Ausstellungen, Konzerten, Führungen, zahlreichen Veranstaltungen sowie Programmen für Kinder, Jugendliche und Familien. Für Ihr leibliches Wohl nach dem Kunstgenuss sorgt im sonnigen Schlosshof am Wochenende und feiertags der Partyservice der Allgäuer Landfrauen.

Schloss Achberg · Mitte Apr.–Mitte Okt., Fr 14–18, Sa–So + Feiertag 11–18 Uhr, Schlosscafé: Sa, So + feiertags ab ca. 11 Uhr · Duznau · 88147 Achberg · Tel. 0 83 80/14 40 · www.schloss-achberg.de
Haltestelle: Bahnhof Wangen i. A., Bus 192 bis Duznau, besser mit dem Auto

60 DAS KLEINSTE MÖBEL-HAUS DEUTSCHLANDS

Der Traum von einer individuell gestalteten Puppenstube wird hier Wirklichkeit. Es gibt nämlich nicht nur Puppenhäuser und Puppenmöbel, sondern auch Bausätze und maßangefertigte Puppenstuben, Zuschnitte, Rohbauten und Häuser mit kompletter Elektrik. Antike Puppenstuben werden hier sogar restauriert. Natürlich alles im gängigen Sammlermaßstab 1:12. Und viele Miniaturen, vor allem die gesuchten, werden in der hauseigenen Werkstatt selbst angefertigt. Eine Spezialität der Puppenwelt ist übrigens die Elektrik. Im Ausstellungsbereich sind nicht nur Puppenstuben, sondern auch Miniaturhäuser und -geschäfte zu sehen. Besonders lustig anzuschauen sind die Gartenparty von Pippi Langstrumpf oder der Pumuckl.

Miniatur Puppenwelt Wengen · Mo–Fr 10–17 Uhr, Sa 10–13 Uhr · Lindauer Str. 22 · 87480 Weitnau-Wengen · Tel. 0 83 75/5 21 · www.miniatur-puppenwelt.de · Haltestelle: Bahnhof Wangen i. Allgäu, Bus bis Weitnau-Wengen, Fußweg ca. 5 Min., besser mit dem Auto

61 EIN SCHLOSS IN TUSSENHAUSEN

Erstmals erwähnt wird das Schloss Mattsies im Jahr 1246. Es war als burgauisches Lehen ab 1357 im Besitz derer von Ellerbach, bis es auf Befehl von Kaiser Friedrich II. 1456 niedergebrannt wurde. Nach zahlreichen Besitzerwechseln und Zerstörungen wurde das Schloss um 1525 wieder errichtet. Mitte des 19. Jahrhunderts hat man nach Plänen von Hans Schurr weitere Veränderungen am Portal, am Aborterker und am Treppenhaus vorgenommen, und in einem letzten Umbau wurde das Schloss in Richtung Südwesten verlängert. Wenn Sie sich für historische und weniger bekannte Gemäuer interessieren, fahren Sie am besten einfach einmal hin und schauen sich das Schloss an. Auch wenn das derzeit nur von außen möglich ist, lohnt es sich!

Schloss Mattsies · Schloßstraße Mattsies · 86874 Tussenhausen
Haltestelle: Bahnhof Mindelheim, Bus bis Tussenhausen, Fußweg ca. 55 Min.

S AUS
VILLA STAND
T E
E S
L
LUNG
JAUSS
AMT

ITALIENISCHES FLAIR NÖRDLICH DER ALPEN

62

Die italienische Architektur stand Ende des 19. Jahrhunderts auch im Allgäu für Kultur, und so baute sich der Brauereibesitzer Melchior Jauss 1895 sein Traumhaus im toskanischen Stil in den Fuggerpark von Oberstdorf. Die Villa dient heute als Ausstellungs- und Veranstaltungsraum mit ganz besonderem Ambiente.

Thea Jauss, die Tochter des Braumeisters Melchior Jauss, berichtet, dass ihr Vater Südtiroler Häuser liebte. Sie gefielen ihm sogar so gut, dass er sich ein geschindeltes Holzhaus im Stil einer toskanischen Villa bauen ließ, obwohl der Bauplatz nördlich der Alpen lag. Die Villa wurde in Blockbauweise auf einem Fundament aus Naturstein errichtet und mit Holzschindeln verkleidet. Der quadratische Grundriss verleiht dem Gebäude ein herrschaftliches Aussehen, standesgemäß und wie in der Gründerzeit üblich.

Im Jahr 1961 erwarb die Gemeinde Oberstdorf das Anwesen samt dem 6800 Quadratmeter großen Grundstück. Als in den Neunzigerjahren die Mieter auszogen, stand das Haus erst einmal leer. Ab 1994 hat der Kindergartenförderverein im Obergeschoss erste Kunstausstellungen organisiert. Zwei Jahre später veranstaltete die »Initiative Jauss« zum ersten Mal eine Ausstellung und mehrere Malkurse. Schließlich wurde im Jahr 1997 der Verein »Initiative Villa Jauss« gegründet. Ziel war es, das Haus für kulturelle Zwecke auszubauen und zu nutzen. So wurde aus dem denkmalgeschützten Kleinod das Kunsthaus »Villa Jauss«, ein idealer Treffpunkt für bildende Kunst, Architektur, Fotografie, Video, Musik und Literatur mitten in Oberstdorf.

Heute dient es darüber hinaus als Veranstaltungsraum für Künstlervorträge, literarische Lesungen und Konzerte. Mehrere Sonderausstellungen von Künstlern wie Delacroix, Daumier und Corot oder eine Auswahl von Originalgrafiken der Großmeister Picasso, Braque und Matisse wurden im »Kleinen Museum des 20. Jahrhunderts« bisher schon gezeigt. Die Villa ist schön gelegen, bietet interessante Architektur, wechselnde Ausstellungen und Veranstaltungen und lohnt in jedem Fall einen Besuch.

Villa Jauss · Öffnungszeiten variieren je nach Ausstellung · Fuggerstraße 7 · 87561 Oberstdorf
Tel. 0 83 22/94 02 66 · www.villa-jauss.de · Haltestelle: Bahnhof Oberstdorf, Fußweg 15 Min.

HEUTE WILL ICH RAUS

63 BLICK IN DIE STERNE

Wer dem Weltall näher kommen, dem Alltag aber entfliehen möchte, kann dies im Allgäuer Observatorium zumindest für die Dauer einer Multimediashow tun. Jeden Freitagabend finden hier regelmäßig Vorträge statt. Sogar ein Blick durchs Teleskop ist für die Besucher möglich!

Die professionelle Technik macht es möglich, dass die Besucher bei einem abendlichen Ausflug nach Ottobeuren in die faszinierende Welt der Astronomie und des Weltalls eintauchen können. Die Sterne scheinen dann zumindest für die Dauer einer Vorführung zum Greifen nahe zu sein, selbst wenn es schwerfällt, sich die Dimensionen des Weltalls auch nur ansatzweise vorzustellen. Aber die leicht verständlichen Vorträge regen zum Träumen und Nachdenken an.

Nach der etwa drei Jahre dauernden Bauzeit und über 4000 freiwillig geleisteten Arbeitsstunden konnte die Sternwarte im Jahr 1969 endlich auf dem südlich von Ottobeuren gelegenen Höhenzug eröffnet werden. Auf 746 Metern fand man damals auf dem Konohof die idealen Bedingungen für die Himmelsbeobachtung. Gab es hier oben doch freie Sicht in alle vier Himmelsrichtungen und nur wenig Streulicht. Sogar eine Zufahrt von Ottobeuren aus über schöne Spazierwege oder für das Auto war vorhanden. Im Jahr 1972 wurde das Observatorium um ein 30-cm-Spiegelteleskop erweitert. Da der Besucherandrang aber immer größer wurde, musste die Sternwarte zwischen 1987 und 1988 vergrößert werden.

Die Anlage wird seitdem von den Vereinsmitgliedern betrieben und durch den Bezirk Schwaben, den Landkreis Unterallgäu, die Marktgemeinde Ottobeuren, das Deutsche Jugendherbergswerk und viele private Spender gefördert. Nur so konnte ein Observatorium entstehen, das astronomische Weiterbildung ermöglicht, aber auch der anspruchsvollen Amateur-Astronomie dient. Trotz der vielen Berge, näher als hier können Sie dem Himmel im Allgäu wohl nicht kommen!

Allgäuer Volkssternwarte Ottobeuren e.V. · Fr ab 19.30 Uhr
Dr. Friedrich-Kuhn-Weg · 87724 Ottobeuren · Tel. 0 83 32/9 36 60 58 · www.avso.de
Haltestelle: Bahnhof Memmingen, Bus bis Ottobeuren, Fußweg ca. 10 Min.

64 ALPKÖNIGBLICK

Wenige Orte im Allgäu bieten ein solch unbeschreiblich schönes 360-Grad-Panorama, das vom Säntis in der Schweiz bis zur Zugspitze in den Ostalpen reicht. Hat man erst einmal den Aussichtsturm auf 1250 Metern bestiegen, liegt einem das ganze Allgäu zu Füßen. Ein Anblick für Genießer!

Von hier oben erschließt sich einem erst die landschaftliche Vielfalt des Allgäus. Vom Illertal, dem Blender oder dem Weitnauer Tal über die Adelegg bis ins Westallgäu sieht man grüne Wiesen, Berge und Seen. Etwas unterhalb führt der Weg dann in »Kling's Hütte«. Nach dem Aufstieg zum Turm und diesen gewaltigen Eindrücken ist jetzt vielleicht die richtige Zeit für eine zünftige Brotzeit gekommen. Aber auch Kaffee und Kuchen gibt's hier, zumindest von Mai bis Oktober am Wochenende und feiertags.

Das Allgäuer Bergbauernmuseum gewährt Einblicke in die Arbeit und das Leben der Allgäuer Bergbauern.
www.bergbauernmuseum.de

Aber zuerst heißt es wandern, denn viele Wege führen hinauf zum Alpkönigblick! Diese kann man sehr gut kombinieren, sodass man für den Hin- und Rückweg nicht denselben nehmen muss. Wer auf die Wegweiser achtet, kann sich auch nicht verlaufen, und bei entsprechendem Wandertempo stimmen sogar die Zeitangaben. Familien mit Kindern sollten natürlich etwas mehr Zeit einplanen. Der kürzeste Weg führt in etwa einer Stunde über mehrere Alpenwiesen hinauf.

Vom »Börlas«-Parkplatz nahe der Schmiede geht's vorbei an der Kapelle und entweder direkt über den Hauchenberg oder mit einem kleinen Umweg über die »Schwabenberg«-Alpe zum Alpkönigblick. Es gibt aber noch viele weitere Wege hinauf. Egal, ob man sportlich ambitioniert ist oder eher die schöne Aussicht schätzt, ob man es lieber sonnig mag oder als Gesteinskenner unterwegs ist, es ist für jeden das Richtige dabei. Es spielt dabei keine Rolle, WIE man hinaufkommt, spätestens WENN man oben angekommen ist, weiß man, woher der Aussichtsturm seinen Namen hat.

Alpkönigblick · Tourismusbüro · Mo–Fr 8–12 Uhr, Sa 10–12 Uhr · Hauptstraße 45 · 87547 Missen
Tel. 0 83 20/4 56 · www.missen-wilhams.de
Haltestelle: Bahnhof Immenstadt, Fußweg ca. 3 Std. (11,5 km)

HERZKLOPFEN AM SEIL

65

Sobald man sich eingeklinkt hat, geht's in atemberaubendem Tempo nach unten! Für reichlich Adrenalin ist gesorgt, und wer keine Angst vor Höhe und Geschwindigkeit hat, macht hier sicher zwei zwar kurze, aber eindrucksvolle Erfahrungen! Die bisher älteste Fahrerin ist über 80 Jahre alt!

Die Abfahrt erfolgt nämlich in zwei Etappen. Nachdem Sie eingewiesen wurden und Gurtzeug und Helm angelegt haben, werden Sie in die Seilrolle eingehängt. Auf dem ersten, »langsameren« Abschnitt, dem »National Flight«, können Sie sich bei maximal 60 Stundenkilometern schon etwas akklimatisieren. Am Transit Tower steigen Sie dann um. Vor lauter Aufregung aber bitte nicht vergessen, den grandiosen Blick über das Allgäuer Voralpenland zu genießen. Noch einmal kurz durchatmen und weiter geht's auf die »schnelle« Strecke. Der »International Flight« führt mit bis zu 130 Stundenkilometern in 60 Metern Höhe direkt zur Talstation. Keine Sorge, die Flugdauer beträgt jeweils nur ungefähr 40 Sekunden, es ist also schon vorbei, bevor man wirklich Angst bekommen kann. Außerdem wird Sicherheit großgeschrieben, aber ohne dem Spaß zu schaden.

Das sah auch ein Brautpaar so, das mit über 130 Sachen ins Eheglück gerast ist. Der bisher ungewöhnlichste und gleichzeitig älteste Fluggast war aber eine neunzigjährige Dame, die den Flug trocken kommentierte: »A bissel windig war's«!

Zurück zur Talstation der Alpspitzbahn geht es anschließend zu Fuß. Um hinauf zum Startpunkt zu gelangen, gibt es zwei Möglichkeiten. Mit der Kombibahn I erreicht man die Mittelstation und mit der Kombibahn II den Takeoff Tower. Zurück ins Tal geht's dann wieder bequem mit Kombibahn I. Der Takeoff Tower ist aber auch zu Fuß vom Parkplatz aus in etwa 90 Minuten zu erreichen: über Stufen und Stege an einem Bach entlang zum großen Wasserfall und vorbei an der Mittelstation der Alpspitzbahn bis zur Bergstation der Kombibahn II.

Alpspitzkick · Alpspitzbahn GmbH & Co. KG · Alpspitzweg 5 · 87484 Nesselwang · Tel. 08361/1270 · www.alpspitzkick.de · Haltestelle: Bahnhof Nesselwang, Fußweg ca. 20 Min.

66 DIE ALTE EIBE

Alt, älter, am ältesten …? Sicher gehört dieses Exemplar zu den ältesten Bäumen in ganz Deutschland. Die »Alte Eibe« steht im Hochtal von Balderschwang auf einer Alpwiese in 1150 Metern Höhe und beeindruckt nicht nur durch ihr Alter. Trockenheit hat sie nur selten erlebt, denn Balderschwang ist die regenreichste Gemeinde Deutschlands. Aufgrund der Höhenlage ist sie kleiner gewachsen als Eiben im Flachland. Die Bestimmung des Alters erweist sich deshalb als schwierig, da Stammteile fehlen. Versucht man das Alter über den Stammumfang herzuleiten, kommt man auf beachtliche 800 bis 4000 Jahre. Realistisch dürften aber 800 bis 1500 Jahre sein.

Alte Eibe · Dorf 16 · 87538 Balderschwang · Tel. 083 28/1056 · www.balderschwang.de · ca. 1 km nordöstlich des Ortskerns an der österreichischen Grenze gelegen, oberhalb des Weges zur Oberen Socheralpe und zur Unteren Balderschwanger Alpe

67 DIE EVENT-RUINE

Sechs Kilometer von Weitnau entfernt liegt auf 920 Metern Höhe die Burgruine Alt-Trauchburg. Die Überreste der ehemaligen Dynastenburg gehören zu den besterhaltenen Ruinen des Allgäus. Einen Großteil der Anlage kann man sogar noch an den Grundmauern erkennen. Heute ist die Burganlage Schauplatz für kulturelle Veranstaltungen und ein beliebtes Ausflugsziel. Der Nachwuchs beschäftigt sich im Spielbereich an der Kletterwand oder auf der Stechbahn, während es sich die Eltern im Biergarten der Burggaststätte gut gehen lassen! Vom Gasthof »Sonne« in Kleinweiler aus führt ein Spaziergang in 30 Minuten zur Ruine, und im Sommer wird hier einiges geboten.

Alt-Trauchburg · Burgführungen Juli–Sept. Mi 15 Uhr, Gruppen auf Anfrage · 87480 Weitnau-Kleinweiler · Tel. 083 75/8046 · www.weitnau.de, www.allgaeuerseenland.de · mit dem Auto von Kleinweiler aus Richtung Wengen

BERGINDIANER IN OBERJOCH

68

Gibt es tatsächlich Indianer im Allgäu? Zumindest in Oberjoch sind noch welche zu finden! Seit Kurzem haben die jungen Nachwuchs-Indianer sogar ein eigenes Reservat am Ortsrand mit Tipis, Bogenschießen, eigener Bergseilbahn und allem, was dazugehört! »Ihr seid willkommen, Howgh!«

Wer sich schon immer einmal wie Winnetou fühlen wollte, bekommt auf einer geführten Tour mit den Allgäuer Bergindianern zumindest einen kleinen Eindruck vom Indianerleben. Auf diese Führung begeben sich begeisterte Kinder ab sechs Jahren, aber auch ganze Familien. Auf den Spuren der Bergindianer wird am Bach entlanggeschlichen, vorbei an Totempfählen und verlassenen Indianertipis. Natürlich vom Adler begleitet, der hoch in der Luft seine Kreise zieht und verfolgt von den Trommeln der Krähen-Indianer. Vom Zaubertrank ermutigt und gestärkt, ist der Balanceakt über den Baumsteg kein Problem, und die Inka-Seilbahn über den Silbersee führt geradewegs zum Goldschatz im geheimen Versteck hinter dem Wasserfall.

Mit gefüllten Taschen voller Gold-Nuggets wird unter schrecklichem Schlachtgeschrei das schützende Indianerdorf erreicht, wo am Lagerfeuer mit Wurst in der Hand von den erlebten Heldentaten erzählt wird. Zudem wartet in der Bergwelt ein Parcours, der jede Menge Abenteuer verspricht. Denn hoch über Bad Hindelang wird über Felswände geklettert, über schaukelnde Brücken balanciert, und es werden Schluchten am Seil überquert. Für Spaß aber auch für die Sicherheit sorgen erfahrene Bergführer vom Hindelanger Bergführerbüro. Ein eindrucksvolles Erlebnis für Firmen, Vereine und natürlich für Schulklassen!

Gut für die Konzentration und ein gutes Training dafür, sich ein bestimmtes Ziel zu setzen, ist das traditionelle Bogenschießen für Jung und Alt. Es macht eben nicht nur riesigen Spaß, sondern es hilft auch, eine bewusste Entscheidung zu treffen, und die ganze innere Kraft darauf zu verwenden, seinen Geist und Körper unter Kontrolle zu halten.

Bergindianer · Thomas Heckelmiller · Passstraße 16 · 87541 Bad Hindelang · Tel. 0 83 24/73 99 · www.bergindianer.de · Haltestelle: Bahnhof Sonthofen, Bus bis Bad Hindelang-Oberjoch, Fußweg ca. 5 Min.

69 RIESIGE LAMPIONS IN ISNY

Das Dreikönigs-Ballontreffen gibt es seit zwanzig Jahren. Begonnen hatte es Anfang der Neunzigerjahre in Immenried. Als der Platz dort zu klein wurde, zog es um nach Kißlegg, und seit die Winter immer wärmer werden, findet es in Isny statt. Abends in der Dämmerung werden die riesigen Heißluftballone aufgestellt und leuchten im Takt der Musik abwechselnd auf. Mit fünf eigenen Ballonen erfüllen Seitz und seine Piloten den Traum, nahezu lautlos über die Landschaft dahinzuschweben. Erfahrene Berufspiloten starten mit max. 4 bis 5 Passagieren an Bord, eine »Massenbeförderung« lehnt Seitz ab! Wer eine solche Fahrt gern einmal selbst erleben möchte, sollte etwa 3 bis 4 Stunden Zeit mitbringen.

Ballonfahrten Helmut Seitz · Wucherer 1 (Büro) · 88353 Kißlegg · Tel. 0 75 63/9 22 82
www.dreikoenigstreffen.de · Haltestelle: Bahnhof Wangen i. Allgäu,
Bus bis Isny Neutrauchburg, Fußweg ca. 10 Min.

70 BARFUSS UNTERWEGS IN BAD WÖRISHOFEN

Der Barfußweg wurde im Jahr 2012 angelegt. Seitdem haben sich schon zahllose Füße an den spannenden 23 Erlebnisstationen mit klangvollen Namen wie Zapfen-Fuß, Rosen-Fuß, Stein-Fuß, Sumpf-Fuß oder Schweiß-Fuß gefragt, worauf sie wohl gerade stehen. Die unterschiedlichsten Bodenbeläge mit den Zehen zu erforschen, ist die lustige Aufgabe. Dabei werden sicher nicht nur Kinder einen Riesenspaß haben. Am Beginn des Pfades, der zugleich auch das »Ziel« ist, befinden sich Schließfächer für die Socken und Schuhe und eine Möglichkeit, sich nach dem Rundgang die Füße zu waschen. Für den gesamten Barfußweg benötigt man etwa eine Stunde. Wie sagte einst Sebastian Kneipp: »Der Anfang der Abhärtung bleibt immer das Barfußgehen.«

Barfußweg · Kurpark Bad Wörishofen · Alfred-Baumgarten-Straße · 86825 Bad Wörishofen · Tel. 0 82 47/99 33 55 · www.bad-woerishofen.de · Haltestelle: Bahnhof Memmingen,
Bus bis Bad Wörishofen Marktplatz, Fußweg ca. 5 Min.

Thoma
Thom
Schmerztablett
D-OMUH
HENBLA
Thoma

D2
D2

DURCH DIE BAUMWIPFEL

71

Lust auf Natur pur? Auf faszinierende Einblicke in die Fauna und Flora des Waldes? Mitten im Walderlebniszentrum, genauer gesagt, darüber ist er zu finden, der Weg durch die Baumkronen. Er führt über eine Hängebrücke und bietet eine spektakuläre Aussicht auf die Flusslandschaft des Lechs!

Mitte 2013 wurde der 480 Meter lange Baumkronenweg im Walderlebniszentrum Ziegelwies eröffnet. Seitdem kann man hier alles über die unterschiedlichen Waldtypen wie den Auwald oder den Bergwald lernen.

Der Weg verläuft auf Höhe der Baumspitzen des Auwalds in 21 Metern Höhe. Von hier aus lässt sich die Schönheit der Natur des Lechtals einmal aus einer ganz anderen Perspektive bewundern. Wenn Sie im Anschluss Lust auf noch mehr Natur bekommen haben, können Sie im Walderlebniszentrum auf dem 1,5 Kilometer langen Auwaldpfad versuchen, einen Fluss auf verschiedene Arten zu überqueren, indem man sich entweder über das Wasser hangelt oder gleich selbst zum Fährmann wird. Eher etwas für Kinder ist der Bergwaldpfad mit dem Abenteuerspielplatz. Sogar Vierbeiner dürfen mit, allerdings nur an der Leine. Im Ausstellungsgebäude des Walderlebniszentrums gibt es unter anderem eine Dauerausstellung über den Bergwald, die Funktion des Waldes und die Waldarbeit sowie ständig wechselnde Ausstellungen.

Die Runensteine in der Nähe vom Lechfall zählen zu den mystischen Plätzen im Allgäu und liegen ganz in der Nähe.

Auch den kleinen Gästen wird's hier nicht langweilig, denn bei Duftorgeln oder Tastboxen kann jeder Besucher rätseln, was sich dahinter verbirgt. Eine kleine Kinderecke zum Malen und Spielen gibt's natürlich auch, und sogar im Winter können Kindergeburtstage mit Schatzsuche und Lagerfeuer hier gefeiert werden. Vom Ausstellungsgebäude kann man jederzeit wieder auf alle Erlebnispfade zurückkehren. Der Wald zwischen den Steilhängen des Allgäuer Bergwaldes und dem Lech kann schon seit 2002 erkundet werden.

Baumkronenweg · Walderlebniszentrum Ziegelwies · Mai–Okt. tgl. 10–17 Uhr, April–Nov. auf Anfrage · Tiroler Straße 10 · 87629 Füssen · Tel. 0 83 62/9 38 75 59 · www.baumkronenweg.eu · Haltestelle: Bahnhof Füssen, Fußweg ca. 15 Min.

72 DES KÖNIGS LETZTER TRAUM

Es sollte ein weiteres Schloss für den Märchenkönig werden. Doch außer einer Zufahrt und einer Wasserleitung ist nichts vom letzten Traum Ludwigs II. übrig geblieben. Auf 1268 Metern ist Falkenstein aber Deutschlands höchstgelegene Burgruine mit einem geradezu atemberaubenden Ausblick.

Wenn es nach den Plänen König Ludwigs II. gegangen wäre, sollte auf dem Berg Falkenstein sein letztes Refugium entstehen. Gescheitert ist man aber nicht nur am Gelände, das kaum für den Bau eines Schlosses geeignet war, sondern auch am Geldmangel und am frühen Tod des Königs 1886.

Eigentlich sollte der Bühnenbildner Christian Jank, der bereits die Entwürfe für Schloss Neuschwanstein gezeichnet hatte, auch die Planung für das neue Schlosses übernehmen. Nachdem der König die Burgruine Falkenstein im Jahr 1883 erworben hatte, stellte sich jedoch heraus, dass hier sowohl aus bautechnischen als auch aus Platzgründen keine Bebauung möglich war. Aufgrund der Finanzlage des Königs zeichnete der Nachfolger Janks, Georg von Dollmann, 1884 eine kleine Burganlage mit einem hohen Hauptturm. Dieser viel zu bescheidene Entwurf erboste den König derart, dass er den Vertrag mit Dollmann umgehend kündigte, um ihn an den Regensburger Architekten und Oberbaurat Max Schultze weiterzugeben. Schultze ließ 1885 eine Wasserleitung und einen neuen Burgweg anlegen, aber das Projekt blieb unvollendet. Die Bauarbeiten wurden eingestellt, nachdem König Ludwig im Starnberger See ertrunken war. Ein Blitzeinschlag in die Burgruine ließ 1889 schließlich die komplette Giebelwand im Osten einstürzen. Erst um 2000 wurde das Mauerwerk fachgerecht saniert, und seit dem Einbau einer Aussichtsplattform fünf Jahre später hat man einen großartigen Panoramablick über das Alpenvorland.

Vom Parkplatz der Breitenbergbahn zum Aufstieg zur Mariengrotte, von dort zur Ruine Falkenstein und wieder retour. Eine leichte Bergwanderung von 850 auf 1200 Meter mit ca. 1,5 Stunden Wanderzeit.

Burgruine Falkenstein · Auf dem Falkenstein 1 · 87459 Pfronten-Meilingen · Tel. 0 83 63/6 98 88 · www.pfronten.de · Haltestelle: Bahnhof Pfronten, »König-Ludwig-Weg« ca. 60 Min.

DER »HEILIGE STEIN«

73

Wie von Riesenhand hingeworfen liegt er da, versteckt im Tannenwald zwischen Waltershofen und Sigrazhofen. Der große, mit Moos bewachsene Findling aus Granit – bekannt als »Heiliger Stein«. Das Gewicht dieses Naturdenkmals wird auf stolze 39 Tonnen geschätzt.

Der Gneisblock nahe des Kißlegger Ortsteils Waltershofen, der aus der Würm-Kaltzeit stammt, ist ein Geschenk der Alpen und wurde vor langer Zeit von einem Gletscher hierherbefördert. Als es wärmer wurde, schmolz dieser ab und der Felsbrocken blieb dort liegen. Da Besonderheiten in der Natur die Menschen seit jeher zu übersinnlichen Erklärungen veranlasst haben, vermischt sich der Glaube an Wunder mit dem an Magie. So sind mystische Orte entstanden, von denen es im Allgäu viele gibt.

Geheimnisvoll ist er schon der Felsbrocken auf der Kißlegger Gemarkung. Obwohl er nicht ganz leicht zu finden ist, lohnt schon der Fußweg hinauf zur Kuppe mit dem »Heiligen Stein« mitten im Wald. Das besonders große und eindrucksvolle Exemplar ist ein gewaltiger Findling. Drum herum liegen, fast wie ein Kranz, auffallend viele, aber weitaus kleinere Felsbrocken. Auf einem Baumstumpf, dessen Wurzeln bis unter den Stein reichen sollen, ist wohl vor nicht allzu langer Zeit ein kleiner Altar aufgebaut worden. Mit Kreuzbild, Blumen, Steinen und einem ewigen Licht. Es wird nämlich berichtet, dass unter dem Stein ein Kirchenschatz vergraben sein soll, und wenn am Karfreitag Punkt 12 Uhr die Kirchenglocken läuten, hebt sich der Stein von allein.

Diese Geschichte wird aber nur Auswärtigen erzählt, denn jeder Einheimische weiß, dass, so der Volksmund, am Karfreitag »die Kirchenglocken nach Rom fliegen« und deshalb natürlich nicht läuten können. Einige Schatzsucher müssen es aber dennoch versucht haben, denn Grabungsversuche sind immer noch deutlich zu erkennen. Nicht weit entfernt von hier gibt es noch einen anderen heiligen Stein, den »Großen Stein« zwischen Arnach und Eintürnen.

Der »Heilige Stein« Kißlegg · Im Wald, Kißlegger Gemarkung · 88353 Kißlegg · www.kisslegg.de
Haltestelle: Bahnhof Kißlegg, Fußweg 1,5 Std., besser mit dem Auto

74 MÄRCHENHAFTER ELFENWEIHER

Wer die Natur mag, wird ihn lieben, den Weg durch das Naturschutzgebiet Girasmoos. Die Aussicht ist grandios, und dass der Giras- und der Elfenweiher künstlich angelegt wurden, fällt überhaupt nicht auf. An heißen Tagen ist im Elfenweiher sogar Baden erlaubt.

Wer mit dem Finger auf der Landkarte von Bergatreute über Witschwende in Richtung Alttann fährt, landet bei einem Wald. Auf knapp zehn Hektar Fläche entstand hier einst das Girasmoos durch Versumpfung mitten im Tal der Wolfegger Ach. Es handelt sich um ein Kalkflachmoor, das seit 1973 unter Naturschutz steht. Von hier oben, auf ungefähr 650 Höhenmetern, schaut man auf das gesamte Tal. Allein dieser Blick ist die Wanderung wert und nicht nur für Wanderfreunde ein echtes Highlight.

Ein geteerter Weg führt zu den beiden Weihern hinab, die durch einen schmalen, befahrbaren Damm voneinander getrennt sind. Der Giras-Weiher ist ein privater Fischweiher. Der andere hat den wohlklingenden Namen Elfenweiher. In dem darf man sogar baden, und das mitten im Naturschutzgebiet. Trotz längerem Auf-der-Lauer-Liegen ist es aber nicht gelungen, eine märchenhafte Elfe vor die Linse zu bekommen. Vielleicht liegt das daran, dass der Damm im Winter 2014/15 saniert wurde und sie sich deshalb gestört fühlten … Aber seitdem kann wieder gebadet werden, vorher ist es sowieso noch zu kalt. Aber aufgepasst, die Stege sind leider nur für die Angler.

Beide Weiher wurden Anfang bzw. Mitte des letzten Jahrhunderts künstlich angelegt und befinden sich in Privatbesitz. Wer hier also gern ein Lagerfeuer machen möchte, sollte vorher fragen. Das Wandergebiet »Höll« liegt nicht weit von den Weihern entfernt, und bis heute erinnert ein ehemaliges Gasthaus in Weissenbronnen an die Räuberbande des »Schwarzen Veri«, des Xaver Hohenleiter, die hier verkehrte und die den Bauern aus der Umgebung Lebensmittel raubte.

Elfenweiher · Kapellenstraße · 88368 Bergatreute · www.seen.de/elfenweiher
Haltestelle: Bahnhof Alttann, Fußweg ca. 30 Min., besser mit dem Auto

AM WÄCHTER DES ALLGÄUS

75

Am Fuße des Grünten befindet sich nicht nur eine Erlebniswelt. Auf den geführten Rundwanderungen durch die Erzgruben, die durch hügeliges Gelände zum »Andreas-Tagebau« sowie zu den beiden Erzgruben »Theresien-Grube« und »Anna-Grube« führen, können Sie auch die faszinierende Welt unter Tage entdecken.

Aus den ehemaligen Erzgruben tief im Grünten ist ein Museum geworden. Dafür wurden ein Tagebau sowie zwei Stollen restauriert. Die geführte Rundwanderung durch die Erzgruben beginnt am Museumsdorf und dauert etwa zwei Stunden. Im Anschluss daran sollte man dann das Museumsdorf besichtigen, mit dem die Gemeinde Burgberg der alten Tradition des Bergbaus ein Denkmal gesetzt hat. Vom Kiosk führt ein Weg zum Museumshaus, das sich mit der Geologie der Allgäuer Alpen befasst.

Das Dorf selbst gewährt seinen Besuchern Einblick in die Entstehung des Eisenerzes vor Millionen von Jahren, in den historischen Bergbau und in die Verhüttung in den Hochöfen. In der Schauschmiede wurden sogar ein historischer Amboss, eine Esse und ein Luftschmiedehammer aus dem 19. Jahrhundert rekonstruiert. An bestimmten Tagen wird hier wie anno dazumal geschmiedet. Das ist besonders für Kinder ein Erlebnis, denn dann können sie sich, natürlich unter Aufsicht, ihren eigenen Glücksbringer in Form eines Hufeisens schmieden. Eine Geologiehütte führt in die Geschichte des Bergbaus am Grünten ein und informiert über die Geologie des Allgäus, aber auch über Versteinerungen, die hoch oben am Berg gefunden wurden, wie Fossilien, Haifischzähne, Seesterne und viele andere. Außerdem werden Filme zum historischen Bergbau gezeigt.

Der »Knappenhock« mit seiner Sonnenterrasse lädt anschließend zu einer Pause ein. Kinder können auf der »Erzgruben-Rallye« im Museumsdorf auf Erkundungstour gehen oder sich auf dem Spielplatz vergnügen.

Das Museumsdorf liegt hoch über dem Burgberg und kann entweder zu Fuß oder mit dem »Erzgrubenbähnle« erreicht werden.

Erzgruben-Erlebniswelt am Grünten · Mai–Okt. 10.30–17 Uhr
Grüntenstraße 2 · 87545 Burgberg · Tel. 0 83 21/7 88 46 46 · www.erzgruben.de
Haltestelle: Bahnhof Sonthofen, Bus bis zum Grünten, Fußweg 10 Min.

NACKEDEIS AM FORGGENSEE

76

Er ist der größte Stausee Deutschlands, der größte See im Allgäu und der fünftgrößte See Bayerns. Aber neben all diesen Superlativen ist der Forggensee nicht nur wunderschön, sondern auch einer der wenigen Seen im Allgäu, an dem an manchen Stellen textilfrei gebadet wird, mehr oder weniger offiziell ...

In den Fünfzigerjahren sollte in dem Weiler Forggen im Königswinkel nördlich von Füssen Dramatisches passieren. Denn der Fluss Lech wurde hier auf einer Länge von etwa zwölf Kilometern zur Energieerzeugung aufgestaut. Nach der Fertigstellung war mit einer Fläche von über 15 Quadratkilometern der größte Stausee Deutschlands entstanden. Auch »Speicher Roßhaupten« genannt, liegt er im Ostallgäu, im Gebiet von Schwangau, Füssen, Halblech, Rieden am Forggensee und Roßhaupten.

Der Stausee dient sowohl dem Hochwasserschutz als auch der Naherholung. Im Winter wird das Wasser abgelassen, dann ist der See trocken und begehbar. Vollen Wasserstand hat er daher nur im Sommer zwischen Juni und Mitte Oktober. Dann kann man hier baden, Boot fahren oder segeln. Es gibt Bootshäfen, Segelclubs und sogar eine Forggenseeschifffahrt.

Am Ostufer des Forggensees wird aber auch an vielen Stellen nackt gebadet. Die meisten erreicht man nach einem kurzen Fußmarsch. Zu den Plätzen gelangt man aber auch über den Radweg um den Forggensee. Wenn man von Buching Richtung Roßhaupten bei der LVA-Klinik Richtung Hegratsriedersee abbiegt, einfach nach der Ortschaft Greith rechts Richtung Wasser laufen oder radeln. Mit hoher Wahrscheinlichkeit erreicht man dort ein Gelände, wo man nackt baden kann. Fährt man weiter Richtung Roßhaupten, kommt links etwa zwei Kilometer nach dem Kiosk Illasbergsee ein Parkplatz. Am Nordende dieses Badeplatzes wird auch nackt gebadet, ebenso wie nördlich von Osterreinen, hier aber nur vereinzelt und etwas versteckt. Da es sich allerdings nicht um offizielle FKK-Strände handelt, ist auch keine Infrastruktur vorhanden.

FKK am Forggensee · Ufer bei Greith · 87642 Halblech · www.stadtgui.de/nacktbaden
Haltestelle: Bahnhof Füssen, Fußweg ca. 30 Min.

11 VERKEHRTE WELT IM FLYSCH

Wer gern an der frischen Luft ist und wandert, wird den Weg am Röthenbach entlang zum Geotop Flysch mögen. In Halblech, wo der Allgäuer Radweg endet, geht's los, und der Mühe Lohn sind die beeindruckenden Gesteinsformationen und sehenswerten Steinornamente.

Mit dem Rad erreicht man den Ort Halblech im Ostallgäu, der etwa 150 Kilometer von Isny entfernt liegt, über Buchenberg, Kempten und Kaufbeuren. Östlich des Ortes fließt der Röthenbach, der sich tief in die sogenannte Flysch-Zone geschnitten hat. Diese steil aufragenden Gesteinsschichten sind schon in der Kreidezeit entstanden und wunderschön anzuschauen.

Der Begriff »Flysch« stammt aus dem Schweizerischen und bedeutet »fließen«. Flyschgestein entsteht aus Wasser- und Schlammströmen, die unter dem Meeresboden zirkulieren. Derartige Trübeströme können Entfernungen von mehreren Tausend Kilometern zurücklegen. Die Region, die sich vom Nordrand der steil aufragenden Kalkalpen bis hinunter zur Donau bei Wien erstreckt, wird als Flysch-Zone bezeichnet. Charakteristisch für dieses Areal sind die steilen Hänge mit großen Erosionsflächen, die vor vielen Jahrmillionen entstanden sind. Als sich durch tektonische Plattenverschiebung der afrikanische unter den europäischen Kontinent schob, hoben sich die Alpen als eine Art »Knautschzone«. Die ungeheuren Kräfte, die dabei wirkten, schoben die Schichten des ehemaligen Meeresbodens nach oben, stellten sie steil auf, falteten sie oder brachen sie ab. Daher sind sie um bis zu 90 Grad gedroht.

Das Geotop ist Teil des Naturschutzgebiets und Lebensraum für gefährdete Tierarten. Deshalb sollte man auf den Wegen bleiben. Vom Parkplatz Halblechbrücke geht's zu Fuß flussaufwärts ca. 3,5 Kilometer am Fluss Halblech entlang. Am Reiselsbach links halten, bis man nach ca. 1,2 Kilometern an einer Wegkreuzung anlangt. Dann wieder links am Röthenbach entlang, und nach etwa 500 Metern hat man das Geotop erreicht.

Flysch im Röthenbachtal · östlich der Gemeinde Halblech · 87642 Halblech ·
Tel. 08368/912220 · www.halblech.de, www.geopark-allgaeu.de ·
Haltestelle: Bahnhof Füssen, Fußweg ca. 2 Std. (7,5 km), besser mit dem Auto

78

EIN MEER AUS STEIN

Der Hohe Ifen erinnert an den Tafelberg von Kapstadt. Das davorliegende Meer ist aber nicht mehr in Bewegung, sondern versteinert. Genau genommen handelt es sich um versteinerten Meeresboden, der aus dem Kalk seiner ehemaligen Bewohner besteht und durch Witterungseinflüsse zu diesem Kunstwerk verwandelt wurde.

Wer auf den Gottesacker möchte, sollte über festes Schuhwerk und etwas Kondition verfügen. Und Lust auf Bergwandern schadet sicher auch nicht. Diejenigen, die fit sind, marschieren in etwa 2 bis 2,5 Stunden vom Parkplatz der Talstation der Ifenbahn hinauf zum Gipfel. Sind Sie nicht ganz so gut trainiert, können Sie mit dem Sessellift zur Mittelstation fahren, um dann die restliche Strecke in circa 1 bis 1,5 Stunden zu Fuß zu bewältigen. Während der Sommermonate ist nämlich der Schlepplift zum Gipfel außer Betrieb.

Der Lagerplatz aus der Steinzeit unterhalb des Gottesackerplateaus wird nach einem etwa zweistündigen Fußmarsch erreicht.

Oben angekommen, sind die Strapazen aber schnell vergessen, der Anblick ist einfach fantastisch. Das etwa zwei mal vier Kilometer große Areal strahlt hell in der Sonne. Durchzogen von unzähligen erodierten Furchen und Spalten, sieht es unwirklich aus und erinnert in der Tat an ein versteinertes Meer. Die Kalksteinflächen sind auch der Überrest eines 120 Millionen Jahre alten Korallenriffs, in Jahrmillionen ausgewaschen und durchlöchert von Regenfällen und Erosion.

In den Felsspalten sind im Laufe der Jahre schon einige Menschen verschwunden, daher hat das Plateau auch seinen Namen – Gottesacker – die alte Bezeichnung für einen Friedhof. Es sollte nur bei gutem trockenem Wetter und klarer Sicht begangen werden, und man muss auf den markierten Wegen bleiben. Wer sich an diese Regeln hält, gelangt, bevor die Dämmerung einsetzt, sicher zurück in die Zivilisation. Und wenn man das Gipfelkreuz des Hohen Ifen erklimmt, öffnet sich ein unvergessliches Panorama.

Ifenbahn · Auenalpe 4 · A-6992/D-87568 Hirschegg · Tel. 07 00/55 53 38 88 · www.das-hoechste.com · am besten mit dem Auto

19 VON WASSERKRAFT UND GESTEIN

Eigentlich fehlt nur noch die Loreley! Malerisch ist die Illerschleife nämlich schon, keine zwei Kilometer vom Ortskern Altusrieds entfernt liegt Kalden mitten im Weiler. Von der gleichnamigen Burgruine blickt man nämlich auf einen der letzten unverbauten Abschnitte der Iller.

Folgt man den Wegweisern Richtung Kalden, führt der Weg vorbei am Reiterhof Kalden bis zum Wanderparkplatz und der Burgruine. Unvorstellbar, mit welch schierer Kraft sich das Wasser hier seinen Weg durchs Gestein gebahnt haben muss, um diesen über 60 Meter tiefen Canyon zu schaffen. Da die Burg Alt-Kalden wegen Abrutschgefahr nicht mehr bewohnbar war, wurde nicht weit von der Stelle, an der die Burganlage früher stand, mit dem Bau der Neu-Kalden begonnen. Deren klägliche Überreste sind heute noch in Form der Rundturm-Ruine zu sehen. Da Not ja bekanntlich erfinderisch macht, bedienten sich ansässige Bauern nach einem Großbrand, der 1803 in Altusried wütete und 14 Häuser vernichtete, der Steine der verfallenen Burg, um ihre Höfe wieder aufzubauen. Später wurden damit sogar Teile des Neustädtischen Spitals von Kempten gebaut.

Neben der Hängebrücke bringt eine Fähre Wanderer ans andere Ufer der Iller.

Von der Burgruine führen Treppen hinunter zu einem Wanderweg, der Richtung Fischers führt. Der Weg bietet immer wieder Gelegenheit, auf das mehr als 70 Meter hohe Steilufer des Illerdurchbruchs zu schauen. Unten am unbebauten Flusslauf werden Vogelfreunde vor allem im Winter an der bunten Vielfalt von Vögeln wie Entenvögeln, Graugänsen, Kormoranen, Bläßrallen und Haubentauchern ihre Freude haben. Aber aufgepasst, das Vogelschutzgebiet darf nicht betreten werden. Auf dem Waldweg nach Fischers führt eine moderne Hängebrücke über die Iller. Der gesamte Bereich des Illerdurchbruchs ist ein schönes Wandergebiet mit toller Aussicht, Burgruine und sonnigem Picknickplatz. Fernglas nicht vergessen!

Illerdurchbruch · Kaldener Straße · 87452 Altusried · Tel. 08373/7051 · www.altusried.de
Haltestelle: Bahnhof Kempten, Bus bis Dietmannsried-Altusried, Fußweg ca. 30 Min., mit dem Auto: Abfahrt Dietmannsried-Altusried, den Wanderschildern »Burgruine Kalden Illerdurchbruch« folgen

80 SEEKRANK IM ALLGÄU

Wenn einem mitten im Allgäu plötzlich Kamele entgegenkommen, handelt es sich keineswegs um eine Fata Morgana. Eher um ein sicheres Zeichen dafür, dass die Allgäuer Kamelfarm nicht mehr weit entfernt ist. Wer gern Boot fährt und dem Reiten zugetan ist, kann hier beides verbinden – auf einem »Wüstenschiff«.

Als passionierte Reiterin wollte Christine Sieber schon vor über 20 Jahren wissen, was es mit dem Kamelreiten so auf sich hat. Das erste eigene Kamel kaufte sie schließlich in den Neunzigerjahren einem Zirkus ab. Weitere kamen dazu. Aber niemals hätte es die gelernte Bürokauffrau für möglich gehalten, dass sie für ihre Tiere einmal den Beruf aufgeben würde. Als Sieber schließlich auf Einladung des Präsidenten der Vereinigten Arabischen Emirate an einem Kamelrennen teilnahm und gerade sie als Frau dieses auch noch gewann, war die Hochachtung groß. Plötzlich bekannt geworden, meldeten sich immer mehr Leute bei ihr, die auch auf Kamelen reiten wollten. Zwischenzeitlich hatte sie mehr als 30 Tiere auf einer eigenen Farm – und die Wüste gegen das Allgäu getauscht. Hier bietet sie inzwischen seit einigen Jahren geführte Kameltouren an.

Selbst im Winter ist das möglich, solange das Wetter mitspielt. Die Kälte macht ihnen nämlich nichts aus, sind sie doch an Temperaturen von minus 40 bis plus 40 Grad gewöhnt. Ihre Kamele sind für sie wie große Kuscheltiere, sagt Sieber, aber wenn man sie nicht gut behandelt, kann ihr Verhalten schnell ins Gegenteil umschlagen. Über Langeweile kann sich die zweifache Mutter sicher nicht beklagen, denn außer Kamelen hatte die Familie Sieber auch noch Pferde, Esel, Lamas, Yaks, Ziegen, Schafe, Affen, Papageien, Reptilien, Meerschweinchen, Hasen, Katzen und einen Hund. Nach einem Umzug konzentriert sich Christine Sieber aber wieder ausschließlich auf die Kameltouren. Ausritte auf den braven Kamelen finden abhängig vom Wetter statt und sind ein unvergessliches Erlebnis. Außerdem werden zahlreiche Tagestouren für Gruppen angeboten. Je nach Geschmack ist sicher für jeden etwas dabei.

Kamelfarm Allgäu · Füssener Str. 21 (Büro) · 87642 Halblech · Tel. 01 72/7 04 25 89
info@kamelfarm-allgaeu.de · www.kamelfarm-allgaeu.de
Ausritte nur nach Vereinbarung · Bahnhof Füssen, Bus bis Halblech

Ziel
132

DER RITT AUF DEN HÖRNERN

81

Das Original »Pfrontar Schalengge-Rennen« ist heutzutage eher eine Faschingsveranstaltung als ein wirklicher Wettkampf. Waren die Hörnerschlitten früher das einzige Transportmittel, um Heu und Holz vom Berg ins Tal zu befördern, stehen sie heute für Gaudi pur. Und die sollte man sich auf keinen Fall entgehen lassen!

Das größte Allgäuer Schlittenrennen verspricht jedes Jahr aufs Neue Spannung und Spektakel. Immer am Faschingssamstag stürzen sich etwa 200 mutige Teilnehmer mit den hölzernen Hörnerschlitten den 1000 Meter langen Hang hinab. Übrigens kommen alle der teils lustig kostümierten »Schalenggar« in die Wertung, selbst dann, wenn sie nur noch mit Bruchstücken ihres Hörnerschlittens das Ziel erreichen. Und nicht nur das schnellste, sondern auch das langsamste Team erhält fairerweise einen Pokal.

Früher wurden im Sommer auf den Bergwiesen Bergheu und Brennholz gemacht und eingelagert. Damals gab es nur eine Möglichkeit, um das Futter für das Vieh und das Brennholz im Winter ins Tal zu befördern. Auf einem steilen Weg fuhren jeweils zwei Männer mit den Hörnerschlitten ohne Bremse, aber dafür schwer beladen mit hohem Tempo ins Tal. Jeden Tag drei- bis viermal, und jedes Jahr gab es Verletzte und Schlittenbrüche. In Stammtischlaune kamen Mitte der Siebzigerjahre einige Kappeler Männer auf die Idee, diese alte Tradition in Form eines Gaudirennens wieder aufleben zu lassen. Damals waren sie die Ersten im Allgäu, die ihre alten »Schalenggen« wieder aus der Scheune holten. Da alle einen Riesenspaß hatten, beschloss man im nächsten Jahr ein richtiges Schalenggerennen zu veranstalten.

Für das »1. Allgäuer Schalengge Rennen« am 19.02.1977 meldeten sich schon 73 Starter an. Von Jahr zu Jahr stieg die Teilnehmerzahl, und 1981 waren es sage und schreibe 277 Teilnehmer. Deshalb wurde im Jahr 1982 der »Kappeler Schalenger Verein e. V.« gegründet. Auf der verkürzten Original-Strecke sind nur Original-Schalenggen zugelassen. Hilfsmittel wie Bremsen oder Lenkhilfen sind nicht erlaubt.

Kappeler Schalenger Verein e.V. · Kappeler Straße 16 · 87459 Pfronten · Tel. 0 83 63/51 46
www.kappelar-schalenggar.de · Haltestelle: Bahnhof Pfronten-Weißenbach, Fußweg ca. 10 Min.

82 HIER KLETTERTEN SCHON DIE »GROSSEN«

Sie ist eine der ältesten Kletterhallen im Allgäu. Von außen sieht man das auch. Der ehemalige Industriebau macht, ehrlich gesagt, optisch nicht viel her, innen dafür aber umso mehr. Zur Eröffnung ließen es sich deshalb auch zahlreiche Kletterstars nicht nehmen, dabei zu sein.

Als die Halle 1994 in Seltmans im Beisein der internationalen Kletterszene, vertreten durch Arnaud Petit, Isabelle Patissier, Ian Dunn und Alexander Huber, eröffnet wurde, stand eine Kletterfläche von 840 Quadratmetern zur Verfügung. Heute, nach mehreren Ausbauten, sind es mehr als 2000 Quadratmeter bei einer Wandhöhe von 16 Metern. Betrieben wird das Ganze von einem gemeinnützigen Verein, der das Ziel hat, den Sport zu fördern und unabhängig von Wind und Wetter die Möglichkeit zum Klettern zu bieten. Besonders Jugendliche und Familien sollen sich in lockerer Atmosphäre sportlich betätigen können. Der gesamte Erlös fließt entsprechend in den Erhalt und den Ausbau der Halle.

Das Projekt wurde 1993 von 20 klettersportlichen Individualisten mit viel persönlichem Engagement in Angriff genommen. Jedes der Gründungsmitglieder gewährte dem Verein ein zeitlich unbefristetes und zinsloses Darlehen und investierte zahllose freiwillige Arbeitsstunden. Und jedes Jahr ist es nach vielen Stunden der Revision und Reinigung wieder so weit. Dann warten die über 170 Routen und Boulder darauf, beklettert zu werden! Bei indirekter Beleuchtung durch den großen Überhang, um seine Technik zu verfeinern oder einfach nur zum Ausprobieren.

Auch für das leibliche Wohl ist gesorgt. Bei einer verdienten Pause mit Kaffee oder Limo kann man an der Theke ausgiebig fachsimpeln. Ist man dann auf den Geschmack gekommen, gibt es im Shop neben lustigen ALLGÄU-T-Shirts auch Kletterschuhe und Sicherungsgerät.

Um die Kletterhalle zu fördern und zu erhalten, unterstützen regionale Unternehmen und internationale Marken das Projekt.

Kletterhalle Seltmans · Juli–Aug. geschlossen · Heinrich-Nicolaus-Straße 15 · 87480 Weitnau-Seltmans · Tel. 0 83 75/82 19 · www.kletterhalleseltmans.de · Haltestelle: Bahnhof Kempten, Bus bis Weitnau-Seltmans, Fußweg ca. 5 Min., besser mit dem Auto

IM KRÄUTERGARTEN »ARTEMISIA« 83

Der gelernte Landwirt Tilmann Schlosser hat mit dem »Artemisia Kräutergarten« ein Kräuterparadies geschaffen, das seinesgleichen sucht. 300 verschiedene Kräuter-, Heil- und Gewürzpflanzen werden hier aufgezogen. Mit seiner Teestube, dem Hofladen und nicht zuletzt durch verschiedene Veranstaltungen ist er längst zu einer Institution geworden. Die Leute sollen hier auf Entdeckungsreise gehen«, sagt Schlosser, der 2010 zudem das Studienzentrum »Heimathaus Weltengeist« eröffnet hat. Viele Bücher über Pflanzen und Kunst aus aller Welt können hier eingesehen werden. Darunter befinden sich auch viele Originale, die noch aus dem Mittelalter stammen (www.weltengeist.net).

Kräutergarten Artemisia · Mo, Di Ruhetag, Mi–So 12–18 Uhr · Hopfen 29 · 88167 Stiefenhofen
Tel. 0 83 86/96 05 10 (Büro), 0 83 86/96 15 30 (Teestube) · www.artemisia.de
Mit dem Auto: ca. 6,5 km nach Oberstaufen rechts abbiegen Richtung Hopfen/Bergkäserei

EIN HAUCH VON ALASKA 84

Jedes Jahr treten beim Deutschlandcup in Unterjoch Mushers aus ganz Europa mit ihren Gespannen an. Gestartet wird in unterschiedlichen Kategorien, vom Skijöring bis zu Gespannen mit 16 Huskys. Ende Januar beginnt das spannende Spektakel mit bis zu 500 Schlittenhunden. Die Geschwindigkeit der Topgespanne liegt bei sage und schreibe 30 Stundenkilometern, bergab sogar bei 45. Die Strecken am Sonnenhanglift und nach Unterjoch sind besonders spektakulär. Sie gehören mit zu den schwierigsten, sind wegen der guten Sicht aber bei den Zuschauern sehr beliebt. Faszinierend, wie die Hunde nur durch Zurufe ihres Mushers gelenkt werden, immerhin haben die Gespanne die Länge eines Sattelzuges. Respekt vor diesen Akteuren.

Schlittenhunderennen · Tennisplatz in Unterjoch · 87541 Bad Hindelang
Tel. 0 83 24/89 20 · www.badhindelang.de · Haltestelle: Bahnhof Sonthofen,
Bus bis Bad Hindelang-Unterjoch, Fußweg ca. 5 Min.

85 BESCHAULICHE AUSFAHRTEN

Um die Kunst des Kutschenbaus nicht in Vergessenheit geraten zu lassen, hat Werner Niklas Mitte der Siebzigerjahre ein Kutschenmuseum eröffnet. Bis heute sind über 100 Fahrzeuge zusammengekommen, alle fahrtüchtig. So stehen für Kaffeefahrten, Hochzeiten oder Geburtstage verschiedene Kutschen aus der Sammlung bereit.

Gezeigt werden Kutschen aus der Zeit um 1900, wie sie auf Fuhrmannshöfen und in Herrschaftshäusern zu finden waren. Ein Teil der Fahrzeugsammlung wurde zu einer Ausstellung in einer Galerie zusammengestellt, die nach telefonischer Voranmeldung besichtigt werden kann. Werner Niklas, der sich selbst gern als einen »Lohnkutscher« bezeichnet, vermietet diese aber auch. Die Kutschen können bei den unterschiedlichsten Anlässen eingesetzt werden und machen Ausfahrten, Hochzeiten oder Jubiläen zu etwas ganz Besonderem. Sogar die Medien haben das schon bemerkt, deshalb werden die Kutschen inklusive Pferdegespann und Kutscher auch als Requisiten für Film und Fernsehen gebucht, so unter anderem schon für die Filme »Dornröschen«, »Bergwehen – Die Hebamme«, »Rossini« oder »Das zweite Leben Joseph Haydns«.

Die Duft- und Kräutergärten im Kurpark Bad Wörishofen, die die Entwicklung der heilenden Pflanzenanwendung zeigen. www.bad-woerishofen.de

Für eine gemütliche Ausfahrt geht's um 14.30 Uhr »Am Tannenbüchl« am Pferdestall los. Die Rundfahrt in den Süden von Bad Wörishofen, mit einem Halt bei der Wallfahrtskirche von 1710, führt zum höchsten Punkt der Stadt. Im »Hartenthaler Hof«, einem Ausflugslokal mit wunderschönem Panoramablick über die Berge, warten schon der versprochene Kaffee und Kuchen. Gefahren wird mit historischen, über 100 Jahre alten Pferdekutschen. Je nach Zahl der Mitfahrer stehen die passenden Fahrzeuge zur Verfügung. Vom Landauer über die Victoria-Kutsche bis hin zum Kremser. Das Pferdegespann, die Rappen Leica und Ramon, sowie der Kutscher Werner Niklas freuen sich immer über das Interesse an diesen nostalgischen Gefährten.

Kutschensammlung Niklas · nach Vereinbarung · Heimstraße 25 · 86825 Bad Wörishofen
Tel. 0 82 47/42 49, 01 71/3 73 51 69 · www.kutschenniklas.de · Haltestelle: Bahnhof Memmingen,
Bus bis Bad Wörishofen Marktplatz, Fußweg ca. 15 Min.

86

DER »GUMPENJUCK«

Schon allein ihrer Schönheit wegen sind die Buchenegger Wasserfälle einen Besuch wert. Aber wenn das Wetter stimmt und es warm ist, geht es dort zu wie in Acapulco. Dann stürzen sich nämlich mutige Gesellen wie an der Felsklippe La Quebrada in die Tiefe. Aus bis zu 22 Metern Höhe!

In einem Waldstück zwischen Steibis und Buchenegg versteckt, liegt eines der ältesten Erlebnisbäder Deutschlands. Es geht auf ausgeschilderten Wanderwegen von Steibis dorthin, wo sich der Gebirgsbach Weissach tief in die Sandsteinschichten eingegraben und die Buchenegger Wasserfälle geschaffen hat. Hier, zwischen dem »Beton Gottes«, wie man die Formationen aus Nagelfluh-Stein nennt, ergießt sich über zwei Terrassen tosendes Wasser in jene Becken, die in der Allgäuer Mundart als »Gumpen« bezeichnet werden. Der untere der Buchenegger Wasserfälle hat einen tiefen Kessel gegraben: bachabwärts mit seichtem Wasser, Kiesstrand und einem schmalen Ausgang zur weiteren Schlucht, bergwärts von hohen Felswänden umgeben. Das Becken erreicht an seiner breitesten Stelle einen Durchmesser von über 20 Metern und wird selbst im Hochsommer kaum wärmer als 16 oder 17 Grad Celsius. Am Wochenende zieht es dann wagemutige, meist junge Männer hinauf auf die Felsen. Von Felsabsätzen stürzen sie sich hinab, »jucken« in die »Gumpen«.

Die höchste Absprungstelle liegt bei unglaublichen 30 Metern über dem Wasser. Allein die Kletterei hinauf setzt schon einigen Mut voraus. Weit weniger gefährlich ist der Wanderweg, von dem aus die »Gumpenjucker« in das obere Becken springen. Ein Baumstamm, dessen Rinde schon abgewetzt ist und der quer über einem Felsspalt liegt, dient als »17-Meter-Sprungbrett«. Weil er vom Ufer aus am besten zu sehen ist, wird er von den Springern mit großem Vergnügen benutzt. Das Wasser ist dort mehr als fünf Meter tief, und die »Jucker« behaupten, der Sprung sei deshalb nicht sonderlich gefährlich. Aber Achtung: Das Hineinspringen in die Wasserfälle ist gefährlich! Also nur in Begleitung ortskundiger »Jucker« springen.

Naturerlebnisbad Buchenegger Wasserfälle · 87534 Oberstaufen · www.buchenegger-wasserfaelle.de · Haltestelle: Busbahnhof Oberstaufen, Fußweg ca. 60 Min., besser mit dem Auto

87 SPORT UND SPASS IM FREIEN

Schonender Umgang mit der Natur, aber trotzdem Spaß und Action? Das geht, Outdoor-Fans wird eine Vielzahl von Aktivitäten zu Lande oder zu Wasser geboten. Es ist für alle und jede Jahreszeit etwas dabei, und man kann auch ohne Vorkenntnisse daran teilnehmen, etwas Kondition natürlich vorausgesetzt.

Aber zumindest eines ist klar, für alle Naturliebhaber ist das Outdoor-Zentrum am Rand der Allgäuer Alpen der ideale Ausgangspunkt, um Sport zu treiben. Von Rafting, Tubing, Canyoning und Wandern im Sommer bis zu Skifahren, Langlaufen oder Schneeschuhwandern im Winter. Wann und wo spielt keine Rolle, eine tolle Zeit ist garantiert. Dem Team vom Oberallgäuer Rafting & Erlebniszentrum kann man auf allen Wegen vertrauen, auch auf den abenteuerlichen. Und ein schonender Umgang mit der Natur steht dabei auch stets an erster Stelle. Denn sämtliche Aktivitäten werden von geprüften und erfahrenen Outdoortrainern und Guides geführt. Das Team besteht aus lauter Leuten, die den Sport und die Natur lieben. Ist es ihr Enthusiasmus oder die kompetente Betreuung, die eine Tour zum Erlebnis machen? Wahrscheinlich beides!

Denjenigen, die länger bleiben möchten, stehen die schlichten Zimmer des Outdoor-Zentrums zur Verfügung. Alle haben ein eigenes Bad mit Dusche und WC, teilweise sogar einen eigenen Balkon. Es gibt vier Einzelzimmer, sechs Doppelzimmer, zehn Vierbettzimmer sowie ein Achtbettzimmer für größere Gruppen. Daneben einen Gemeinschaftsraum mit Musikanlage und Tischtennisplatte sowie einen Aufenthaltsraum. Der angrenzende Eventstadel kann als Seminarraum genutzt werden und steht auf Anfrage zur Verfügung.

Wenn Sie das Allgäu auf eigene Faust erkunden möchten und nur einen Übernachtungsplatz suchen, bietet Ihnen das Zentrum zudem die Möglichkeit, Ausflüge in der Umgebung zu unternehmen. Ausreichend Parkplätze sind rund um das Outdoor-Zentrum vorhanden.

Outdoor Zentrum Allgäu · An der Marienbrücke 2 · 87544 Bihlerdorf-Blaichach
Tel. 08321/675757 · www.raftingzentrum.de · Haltestelle: Bahnhof Blaichach, Fußweg ca. 5 Min.

Canadier-Rafting
Canyoning
Outdoor
ZENTRUM ALLGÄU
OA RZ 16
OA RZ 100

EIN ANDERER BLICK

88

Schloss Neuschwanstein kennt fast jeder. Den Weg, der durch die Pöllatschlucht dorthin führt, aber vielleicht nicht. Zum Schloss gelangt man auch mit der Tegelbergbahn und über die Marienbrücke. Die Hängebrücke gehört übrigens zu den besten Standorten, um das Schloss zu fotografieren.

König Ludwig II. ließ das Schloss bekannterweise einst auf einem fast senkrecht abfallenden Felsen bauen, der gleichzeitig die westliche Begrenzung der Pöllatschlucht ist. Der König liebte die Symbiose, die sein »Märchenschloss« mit der Natur einging. Den besten Eindruck davon, wie wunderschön die Natur hier ist, haben Sie von der Marienbrücke. Diese ließ, wer hätte anderes erwartet, natürlich auch König Ludwig II. erbauen, um den fabelhaften Blick auf sein Schloss so oft wie möglich genießen zu können. Direkt darunter stürzt der größte Wasserfall der Schlucht aus ca. 30 Metern in die Tiefe. Von hier haben Sie einen unbeschreiblichen Ausblick über die ganze Pöllatschlucht und weit hinein ins Allgäu.

Von der Talstation aus ist die Schlucht über einen eisernen Steg und auf gut ausgebauten Wegen begehbar. Auf dem Weg über Stein- und Eisenstufen kommt man an vielen Wasserfällen vorbei, deren Kraft den König so faszinierte. Die herabstürzenden Wassermassen haben die Felsen rund geschliffen und die schönen, Kolke genannten, durch Erosion bedingten Strudeltöpfe geformt. Der Aufstieg von der Talstation ist nicht zu unterschätzen, aber für geübte Wanderer kein Problem. Wem der Abstieg zu Fuß über den »Schutzengelweg« zu gefährlich ist, geht einfach weiter zur Tegelbergbahn (ca. 60 Min.) und fährt damit bequem zurück zur Talstation. An der Bergstation gibt es nicht nur eine Sonnenterrasse, hier man kann auch etwas essen und trinken.

Egal, welchen Weg man nimmt, festes Schuhwerk ist ein Muss. Denn bei schlechtem Wetter besteht Rutschgefahr. Kinder an der Hand halten, nicht über die Absperrungen klettern und die Warnhinweise beachten!

Pöllatschlucht · Parkplatz Gipsmühlweg · 87645 Schwangau · Tel. 08362/81980 · www.schwangau.de · Haltestelle: Bahnhof Füssen, Fußweg ca. 15 Min.

89 MIT DIE SCHÖNSTEN WASSERFÄLLE BAYERNS

Zwischen Bodensee und Alpen außerhalb von Scheidegg liegen die Wasserfälle, die es sogar in die Liste »Bayerns schönster Geotope« geschafft haben. Vielleicht auch deshalb, weil sie im Winter begehbar und dann besonders wegen der vielen Eiszapfen schön anzuschauen sind. Die vielen Stufen haben es aber in sich!

Rund um Scheidegg sind über einen langen Zeitraum mehrere große und kleine Wasserfälle entstanden, die für ihre Stufenbildung im Nagelfluh- und Sandstein bekannt sind und die Sie allesamt besuchen können. Gut zu erkunden ist aber auch die Rohrachschlucht, das größte Naturschutzgebiet des Landkreises Lindau, von der aus man auf eine wildromantische Flusslandschaft und die bekannten »Scheidegger Wasserfälle« blickt. Über zwei gewaltige Gesteinsstufen rauscht hier das Wasser des Rickenbachs 22 Meter in die Tiefe, und von mehreren Aussichtsplätzen kann man beide nachfolgenden 18 Meter hohen Fälle bestaunen. Beim Abstieg zu den Wasserfällen eröffnet dann die Rohrachschlucht einen 200 Meter weiten Ausblick. Die Stufen hinunter sind aber nicht zu unterschätzen! Gute Schuhe und ein bisschen Kondition schaden sicher nicht.

Ein Rundweg führt zudem durch den Rickenbacher Tobel, vorbei an einer 48 Meter tiefen Waldschlucht, steil aufragenden Felswänden und mächtigen Tannen. Freunde der Botanik werden sich über die seltenen Pflanzen und Blumen freuen. Aber auch für die kleinen Besucher gibt es in der Erlebniswelt der Scheidegger Wasserfälle und dem Streichelzoo mit Kaninchen, Ziegen und Co. einiges zu entdecken. Hier können sie Staudämme bauen, nach Herzenslust planschen oder dem Wasserrad zuschauen. Sämtliche Geräte auf dem Spielplatz werden von einem hydraulischen Widder mit Wasser versorgt. Für das leibliche Wohl sorgt ein Kiosk samt freundlicher Bedienung.

Wanderer erreichen die Wasserfälle über die Bräuhausstraße und den markierten Wanderweg bis zum Parkplatz Rickenbach.

Scheidegger Wasserfälle · bei gutem Wetter tgl. 9–19 Uhr · 88175 Scheidegg Tel. 08381/89555 · www.scheideggerwasserfaelle.de · Haltestelle: Bus bis Touristeninformation Scheidegg, Fußweg ca. 15 Min., mit dem Auto auf der B 308 Richtung Lindau, nach der Gretenmühle rechts

327
DXX

DIE ETWAS ANDEREN TOUREN DURCHS ALLGÄU

90

Jetzt mal ehrlich, wer ist schon mal mit einem Segway gefahren? In Kempten geht es damit gleich auf eine richtige Ausfahrt. Das Angebot reicht von der Schnupper- bis zur Trekkingtour. Ein ganz besonderes »Fahrgefühl« und nach kurzer Eingewöhnung garantiert ein großes Vergnügen!

Segway-Fahren ist eigentlich ganz einfach und wie vieles andere eine Sache der Übung. Deshalb kommt vor der Praxis die Theorie in Form einer ausgiebigen Einweisung. Aber keine Sorge, es dauert nicht allzu lange. Wer mindestens 15 Jahre alt ist, zwischen 45 und 110 Kilogramm wiegt und die Haftungsausschlusserklärung unterschreibt, ist dabei. Ein Fahrradhelm wird kostenlos zur Verfügung gestellt. Feste Schuhe, bequeme Kleidung und bei Bedarf Mütze, Handschuhe oder Sonnenbrille sind mitzubringen. Zur Auswahl stehen die Touren »Fahrspaß pur mit Natur«, »Fahrspaß pur mit Kultur« oder eine Kombination aus beiden. Touren durch Kemptens City auf einem der derzeit modernsten Fortbewegungsmittel führen zum Beispiel über die Stiftsstadt zum Kornhaus, vorbei an der Residenz, dem Hofgarten, der Orangerie und weiter in die Reichsstadt. Vom Rathaus über die St.-Mang-Kirche und Erasmuskapelle zur Burghalde und zum modernsten Wasserkraftwerk Deutschlands.

Wer lieber im »Trekking-Modus« unterwegs ist, wird die »City-Adventure-Tour« durch und rund um Kempten vorziehen. Diese führt zuerst am romantischen Flusslauf der Rottach entlang und am Stadtweiher vorbei. Bei einem Zwischenstopp an den größten Stampfbetonbrücken der Welt mit Sicht auf das Wasserkraftwerk geht es weiter.

Bevor es losgeht, bekommt man natürlich erst einmal eine ausführliche theoretische Einweisung ins Fahren mit einem Segway. Zur Auswahl stehen City-Touren oder Trekkingtouren, die bis zu 3 Stunden dauern. Sollte das Wetter nicht mitspielen, können sie verschoben werden. Viel Spaß beim Balancieren!

Segway Kempten Allgäu · März–Nov. nach Anmeldung
Gewerbestraße 7 · 87439 Kempten · Tel. 08 31/1 34 53 · www.segagent-kempten-allgaeu.de
Haltestelle: Bahnhof Kempten, Fußweg ca. 5 Min.

91 EIN LABYRINTH AUS STEINEN

Die Gegend um den schönen Rohrsee ist bei Naturfreunden schon lange und zu Recht bekannt und entsprechend beliebt. Aber das Steinlabyrinth in einer ehemaligen Kiesgrube am Weg nach Molpertshaus kennen die wenigsten. Ist es nicht schön, was aus Steinen alles entstehen kann?

Von außen nicht zu sehen, befindet sich das Steinlabyrinth, das sofort alle Aufmerksamkeit auf sich zieht, mitten in einer ehemaligen Kiesgrube am Ortsende von Molpertshaus. Aufeinandergestapelte Steine, die von Pflanzen umringte Wegmarkierungen bilden, werden hier mit viel Liebe zum Detail zu einem begehbaren Irrgarten, in dem es unglaublich viel zu entdecken gibt: Tiere, Namen oder Sternbilder sind aus aneinandergereihten Steinen entstanden. Den schönsten Blick darauf haben Sie von oben, vom Rand der Kiesgrube. Quasi aus der Vogelperspektive sind die aus Steinen gelegten Motive und Namen am besten zu erkennen.

Steine sind für Christine Blattner schon lange gute Begleiter und Wegbereiter. Sie sind auch der Grund, warum sie die »Steinfrau« genannt wird, und das Material für ihr künstlerisch-spirituelles Schaffen. Das im Jahr 2006 erbaute, begehbare Steinlabyrinth war Teil eines Kunstprojekts, und wie sie selbst sagt, »Teil ihres wachsenden Verständnisses für dieses elementare und spirituelle Ursymbol«. Es liegt ihr am Herzen, Steine für interessierte Menschen erfahr- und begreifbar zu machen. In ihrem kleinen Atelier ist dann auch eine entsprechende Vielfalt an Steinen zu finden: filigran bemalte, ursprünglich belassene oder mit Botschaften versehene Steine, Labyrinth- und Ritualsteine sowie Steinfrauen. Wenn sie zu Hause ist, freut sie sich über Besuch. Der Steinlabyrinthplatz befindet sich ganz in der Nähe ihres Ateliers in einer stillgelegten Kiesgrube direkt am Roßberger Weg. Einfach dem Trampelpfad folgen, aber aufgepasst: Es handelt sich hier um Privatbesitz, der Abstieg ist ungesichert und das Betreten erfolgt auf eigene Gefahr. Trotzdem absolut sehenswert!

Christine Blattner · Roßberger Weg 13 · 88364 Wolfegg-Molpertshaus · Tel. 0 75 27/92 10 70 · Haltestelle: Bahnhof Bad Waldsee, Bus bis Molpertshaus, Fußweg 15 Min., mit dem Auto: vom Gasthof Adler in den Roßberger Weg, nach dem ersten Haus rechts, nach ca. 100 m links zum Atelier

STURMANNS
DURCH-
HÖHLE.
FORSCHT
1904
BESTREBUNGEN
FURCHTLOSER MÄNNER.
STURMANNSHÖHLEN-
VEREIN ZU OBERMEISELSTEIN
GEW. M. KIRBACH. DRESDEN.

EIN LANGER SPALT IM BERG

92

Seit Urzeiten ist sie das Reich der märchenhaften Wilden Fräuleins »Stuzze Muzz«, »Tschudre Mudre«, »Maringga« und »Ringgede Bingge«. »Seid Ihr bereit, Euch zu uns zu wagen? So sollt Ihr uns willkommen sein, wenn Ihr mehr über uns erfahren wollt.« Wer diesen Rat der Wilden Fräuleins befolgt, gelangt auf einem von Sagen und Mythen umringten Weg zum Eingang der einzigen Schauhöhle des Allgäus. 300 Meter weit hinein geht es in die Urzeitwelt, vorbei an 120 Millionen Jahre alten Gesteinsformationen, dem Drachentor und am Höhlenrachen vorbei zum Höhlenkessel. Einen freien Blick auf den tieferen Teil der Höhle hat man von den 180 Treppenstufen hinunter, die mit festem Schuhwerk gefahrlos begehbar sind.

Sturmannshöhle · beim »Hirschsprung« zwischen Obermaiselstein und Tiefenbach
87538 Obermaiselstein · Tel. 0 83 26/2 77 · www.obermaiselstein.de
Haltestelle: Bahnhof Oberstdorf, Bus bis Obermaiselstein, Fußweg ca. 20 Min.

VOM WASSER GESCHAFFEN

93

Die zwischen Grünten und Wertacher Hörle in einer Höhe von 1070 Metern entspringende Starzlach bahnt sich seit Jahrtausenden ihren Weg durch etliche kesselförmige Wassermühlen und über Felsabstürze hinab in die Klamm. Dabei zwängt sie sich an fossilen Gesteinsschichten und Felswänden vorbei, wo mit etwas Glück sogar Versteinerungen gefunden werden können. Darunter auch die der seltenen Krabbe *Xanthopsis sonthofenensis*. Die Mitnahme von Fahrrädern in die Klamm, die erst 1932 erschlossen wurde, ist übrigens nicht gestattet – was aber bei den steilen Zufahrtswegen auch nicht unbedingt empfehlenswert ist. Hunde dürfen gern mit, allerdings nur an der Leine. Die Klamm kostet Eintritt.

Starzlachklamm · je nach Witterung Ende April–Anfang Nov. · 87527 Sonthofen
Tel. 0 83 21/8 89 88 · www.starzlachklamm.de
Haltestelle: Bahnhof Sonthofen, Fußweg ca. 45 Min.

94 EIN GARTEN FÜRS SCHLOSS

Zu einem richtigen Schloss gehört ja normalerweise auch ein Garten. Nur im Hohen Schloss Füssen war das wohl anders, zumindest bis zum Jahr 1808. Da hatte ein Apotheker die Idee, einen Terrassengarten für seine Kräuter anzulegen und kaufte einen Teil des steilen Hangs am Schloss.

Lange Jahre lag dieser im Dornröschenschlaf, die Mauern waren eingestürzt, alles war überwuchert und die Treppe nur noch mit viel Vorstellungskraft zu erkennen. Es ist nicht viel geblieben von dem blühenden Kräutergarten, den Johann Schieder einst am Südhang angelegt hatte, und von all den Heil- und Gewürzkräutern, mit denen er so manches Zipperlein behandelt hatte.

Obwohl lange nach einem Hinweis für die Existenz eines Schlossgartens gesucht wurde, ließ sich leider kein historischer Beleg dafür finden. Zumindest scheint aber erwiesen, dass die Trockenmauern des Terrassengartens ungefähr aus dem Jahr 1500 stammen. Die Suche förderte auch zwei detaillierte Gemälde aus der Zeit um 1825 zutage. Diese zeigen den Terrassengarten des Apothekers Schieder, den er in den 1820er-Jahren angelegt hatte und der in den 1930ern in Vergessenheit geriet.

Die Filialgalerie der Bayerischen Staatsgemäldesammlungen und die Städtische Galerie im Hohen Schloss

Mit der Neuanlage dieses bis dahin ungepflegten Stückchens Erde wollte der Bürgermeister Füssens Besuchern der Stadt ein zusätzliches Highlight bieten. Wann kommt es schon einmal vor, dass ein Finanzamt, ein staatliches Bauamt und eine Stadtverwaltung zusammenarbeiten, um einen Garten zu sanieren? Nach der gemeinsamen Investition von 70 000 Euro war es tatsächlich geschafft. Der alte Terrassengarten blühte wieder auf. Seitdem kümmern sich die Mitglieder des Blumen- und Gartenbauvereins Füssen gemeinsam und mit Unterstützung der Stadtgärtnerei um die Pflege des Gartens. Von dort oben hat man auch einen einzigartigen Blick auf Füssen und das Umland.

Terrassengarten im Hohen Schloss Füssen · Magnusplatz 10 · 87629 Füssen
Tel. 0 83 62/90 31 46 · www.stadt-fuessen.de/hohesschloss.html
Haltestelle: Bahnhof Füssen, Fußweg ca. 5 Min.

ZUR
TEUFELSKÜCHE

IN DER TEUFELSKÜCHE 95

Falsch gedacht! Mit »großen Schwierigkeiten« hat das Geotop bei Ronsberg nichts gemein, man muss auch keine Angst davor haben, in selbige zu geraten. Denn die teilweise haushohen Gesteinsbrocken der Teufelsküche liegen dort seit Jahrtausenden ganz friedlich. Sie sind sogar ein toller Spielplatz für Kinder.

Auch wenn sich viele verwegene Sagen um diesen Ort ranken, ist die Teufelsküche nichts anderes als eine Ansammlung von sehr imposanten und wild übereinandergestapelten Felsbrocken. Teilweise haushoch und höher, sind sie einst im Tal des Flusses Günz den Hang hinuntergerutscht. Starke Klimaschwankungen führten in den letzten 2,6 Millionen Jahren zu einem ständigen Wechsel der Kalt- und Warmzeiten, was zur Folge hatte, dass die Gletscher stark anwuchsen und zusammenhängende Eisflächen bildeten. Diese Eismassen bedeckten weite Teile des Voralpenlandes und flossen auch nach Norden, wo sie mächtige Gesteinsbrocken ablegten.

Die aus verfestigtem Kalkgestein bestehenden Blöcke lösten sich nach der Eiszeit aus der über dem Fluss liegenden Talflanke und rutschten auf dem lockeren Schotter und geschmiert von Sedimenten ins Tal.

Heute lassen sich im Alpenraum mindestens sechs dieser Kaltzeiten nachweisen. Während einer Kaltzeit erreichte der Illervorlandgletscher, auf den die Ablagerungen der Teufelsküche zurückgehen, seine weiteste Ausdehnung. Breit gefächert floss damals sein Schmelzwasser ins Vorland ab und füllte die Täler und Flussrinnen. Schließlich bedeckte eine bis zu 25 Meter dicke Schotterschicht weite Teile des Vorlandes, aus der auch die wie von Riesenhand gewürfelten Felsbrocken der Teufelsküche stammen.

Von Obergünzburg aus in Richtung Ronsberg kommend, geht es nach etwa 2,5 Kilometern kurz nach dem Weiler Seesen rechts ab, dann auf einem Forstweg den bewaldeten Hang entlang (Hinweisschild).Von dort erreicht man die Teufelsküche zu Fuß in wenigen Minuten. Um jeden der Brocken kann man herumlaufen.

Teufelsküche · Felsengruppe zwischen Ronsberg und Obergünzburg · www.oberguenzburg.de
Haltestelle: Bahnhof Kempten, Fußweg ca. 1 Std. (4 km), besser mit dem Auto

96 DIE LÄDINE

Das Vergnügungsschiff »Santa Maria Loreto« ist einem mittelalterlichen Lastensegler nachempfunden. Im Sommer startet das etwas kleinere Schwesterschiff der Lädine vom Bodensee zwei- bis dreimal täglich zu einer gut einstündigen Rundfahrt über den schönen Großen Alpsee.

Das Wort »Lädine« kommt aus dem Alemannischen, wo »Lädi« so viel wie Last bedeutete. »Lädine« oder »Segner« wurden dann die Schiffe genannt, die eindeutig mediterrane Merkmale des Schiffsbaus aufweisen. Tatsächlich hat man dort, wo die Römer waren, Überreste solcher Schiffe gefunden. Seit dem 15. Jahrhundert befuhren solche Lastsegelschiffe auch den Bodensee. Auf den Lädinen wurde das Salz vom Bodensee an den Alpsee befördert, denn die Salzstraße verlief damals entlang des Alpsees durch das Konstanzer Tal in Richtung Bodensee.

Für die Beförderung von Passagieren wurde die »Santa Maria Loreto« einer historischen Lädine, allerdings in verkleinerter Form, nachempfunden. Mit zwei Masten und einer Gaffel-Takelage ausgestattet, wurde das 12 Meter lange und 3,20 Meter breite Schiff im Jahr 2003 auf den Bootswerften Michelsen in Friedrichshafen und Hartmann in Hard am Bodensee komplett aus Douglasien nachgebaut. Das segelfertige Gewicht beträgt bei einer Segelfläche von 44 Quadratmetern inklusive »Ladung« 9,2 Tonnen. Dafür, dass der Segler, der maximal 25 Passagiere fasst, auch bei Windstille sicher in den Bühler Hafen zurückkehren kann, sorgt ein Elektromotor. Für dringende Bedürfnisse besitzt die »Santa Maria Loreto« sogar eine Bordtoilette.

Der Betrieb des Schiffes wurde aus Mitteln der Europäischen Union, des Freistaats Bayern und der Stadt Immenstadt finanziert. Der gemeinnützige Verein »Historischer Segler Alpsee-Immenstadt e. V.« stellt die ehrenamtlich tätigen Schiffsführer, übernimmt den Betrieb am See und ist für die Wartung des Schiffes verantwortlich. Das Schiff kann auch für Familienfeiern, Betriebs- oder Vereinsausflüge und sogar für Trauungen gebucht werden.

Verein Historischer Segler Alpsee Immenstadt e.V. · Mai–Okt. tgl. 2- bis 3-mal Fahrten
Seepromenade 15 · 87509 Immenstadt · www.alpseesegler.de
Haltestelle: Bahnhof Immenstadt, Fußweg ca. 30 Min.

SANTA MARIA LORETO

97 DER TRAUM VOM FLIEGEN

Wer hat nicht schon einmal davon geträumt? Frei wie ein Vogel durch die Luft zu schweben und die Welt aus einer ganz anderen Perspektive zu sehen. Nach dem Start schwebt man fast lautlos dahin, einfach traumhaft. Geflogen ist ja fast schon jeder irgendwann einmal, aber so …

Stell dir vor, du fliegst einfach Richtung Horizont, frei von allen Gedanken und nur, um diesen Moment zu genießen. »Vogelfrei« ermöglicht dir genau das. Ein unvergessliches Erlebnis, im Sommer wie im Winter, um die überwältigende Bergwelt des Allgäus zu entdecken. Mitfliegen kann jeder zwischen 10 und 100 Jahren und 25 und 100 Kilogramm. Mit den freundlichen Piloten wird ein Tandemflug über diese atemberaubende Kulisse der Allgäuer Alpen zum reinsten Vergnügen.

Man startet auf dem Gipfel des Nebelhorns, von dem aus man einen grandiosen 360-Grad-Blick auf rund 400 Berggipfel hat. Die hervorragenden Flugmöglichkeiten, die sich von hier oben auf den verschiedenen Startbahnen bieten, sind das Adrenalin im Blut beim Start allemal wert.

Da das »Vogelfrei«-Team aus mehreren Piloten besteht, kann man einen Tandemflug auch gemeinsam unternehmen. Aber Vorsicht, Tandemfliegen macht einen Riesenspaß und vor allem süchtig! Für Leute mit Höhenangst ist es aber nicht unbedingt das Richtige. Die Ausrüstung, stabiles Schuhwerk, ein Overall, Helm und Handschuhe, wird übrigens kostenlos gestellt. Wirklich genial ist auch der Fotoservice, den man dazubuchen kann. Direkt nach der Landung bekommt man einen USB-Stick mit Fotos und Videoclips vom eigenen Flug. So kann man ihn zu Hause noch einmal erleben.

Alle »Vogelfrei«-Tandempiloten sind durch den deutschen »Hängegleiter Verband« lizenziert. Sie haben die erforderlichen Versicherungen, sind sehr sympathisch und bringen Erfahrung mit dem Element Luft mit. Um andere an diesem unvergesslichen Erlebnis teilhaben zu lassen, kann man den Traum vom Fliegen auch verschenken!

---

vogelfrei Gleitschirm Tandemflüge · Reichenbach 10 · 87561 Oberstdorf · Tel. 01 76/84 29 89 31 · www.vogelfrei.de · Haltestelle: Bahnhof Oberstdorf, Fußweg zur Nebelhornbahn-Talstation ca. 15 Min.

ZURÜCK ZUR NATUR

98

Um Menschen und um die Erde, um die Natur und die Fähigkeit, in Einklang mit ihr zu leben, darum geht es in der ganzheitlichen Wildnisschule in Tiefenbach. Das hört sich zwar etwas esoterisch an, aber mit Spinnerei hat es wirklich nichts zu tun. Ganz im Gegenteil, es kann dabei viel gelernt werden.

Wir leben in einer Zeit, in der sich viele weit von einem Leben als Teil der Erde entfernt haben. Die Wildnisschule will das ändern und diese Verbindung wieder herstellen. Seit 2005 zeigen Stefan und Heike Koch Möglichkeiten auf, um sich wieder selbst als Teil der natürlichen Welt zu erfahren. Dabei werden Techniken vermittelt, mit denen man sich in der freien Natur zurechtfindet und das Wesen der Natur besser versteht. Dafür werden sowohl altes Wissen, handwerkliche Techniken und Sichtweisen von Ur- und Naturvölkern angewendet als auch zukunftsfähige Lösungen erörtert. Die Schule stellt auf diese Weise eine Art Erfahrungsraum dar und bietet die Möglichkeit, wieder ein vollständiger, gesunder und glücklicher Mensch zu werden. Der Weg dahin führt über Erfahrungen, die in der Natur gemacht werden. Diese Verbindung ist essentiell, um sein eigenes Potenzial auszuloten.

Denn je weiter sich der Mensch von seinen Wurzeln, der Realität und der Natur entfernt, desto größer werden die Probleme. Die Lösung scheint offensichtlich, ist aber für viele schwierig umzusetzen. Eigentlich geht es ja nur darum, sich wieder mit der natürlichen Welt zu verbinden, um in eine herzliche und gefühlte Beziehung mit den Pflanzen, Bäumen und Tieren zu treten. Unsere Großeltern haben ihren Speiseplan mit Selbstgesammeltem aus der Natur erweitert. Aber heute verbringen manche Kinder meist nur noch wenig Zeit im Freien. Und die Konsequenzen? Einerseits das immer dominantere Leben in einer virtuellen, sekundären, scheinbar von der Natur gelösten Realität der modernen Gesellschaft, auf der anderen Seite die Probleme der Gesellschaft wie Zivilisationskrankheiten, Umweltzerstörung und Kriege.

Wildnisschule Allgäu, Stefan & Heike Koch · Im Bachtel 14 · 87561 Oberstdorf-Tiefenbach · Tel. 0 83 22/9 87 99 06 · www.allgaeuscout.de · Haltestelle: Bahnhof Oberstdorf, Fußweg ca. 60 Min., besser mit dem Auto

99 NUR ZU FUSS ZU ERREICHEN

Almwirtschaft wie vor 100 Jahren ist im Allgäu kaum noch zu finden. Auf der Willersalpe wird sie aber genauso betrieben. Oberhalb von Hinterstein produzieren drei Brüder leckeren Bergkäse. Ohne Zufahrt sorgen – inspiriert von einem Aufenthalt in Tibet – einzig Haflinger und Esel für Nachschub an Waren des täglichen Bedarfs.

Als sich vor Jahren den Brüdern Bertele die Chance bot, die Alpe samt der 300 Hektar Weidefläche aus dem Besitz der Wittelsbacher zu übernehmen, überlegten der Zimmermann Stefan, der Elektriker Christian und Markus der Schreiner nicht lange und sattelten um. Obwohl weder eine Straße noch ein Lift hinaufführt. Seitdem erfolgt die komplette Versorgung mit allem, was zum Bewirtschaften nötig ist, auf dem Rücken von Transporttieren, die den gleichen Weg wie die Wanderer nutzen. Einer der Brüder macht sich während der Sommermonate ein- bis zweimal die Woche auf diesen mühsamen Weg. Zweieinhalb bis drei Stunden dauert es, um mit den Tieren die Lebensmittel und Materialien aus dem Tal heraufzubringen. Wanderer erreichen die Willersalpe von Hinterstein aus in circa eineinhalb Stunden.

Die frische Alpenmilch, die zweimal am Tag beim Melken ihrer 24 Milchkühe gewonnen wird, wird gleich zu Butter und zu Käse verarbeitet. Die fertigen Milchprodukte werden dann, natürlich frisch, in der Alpe angeboten. Das schmeckt, denn die Kühe verbringen den ganzen Sommer auf den saftigen Almwiesen.

Die Brüder leben im Sommer von der Sennerei und der Bewirtung der Wanderer. Zudem gibt es noch ein Matratzenlager, das Platz für bis zu 30 Personen bietet. Der dafür nötige Strom wird mit Solarzellen produziert. Ein Notstromaggregat sorgt aber für genügend Energie, um die Melkmaschine und die Waschmaschine zu betreiben. Von der Willersalpe aus gibt es zahlreiche Wandermöglichkeiten unterschiedlicher Dauer und Schwierigkeit wie den Jubiläumsweg (8 Std.), den Weg vorbei am wunderschönen Schrecksee (4 Std.) oder über den Ponten und Bschiesser zum Iseler (5 Std.).

Zur Willersalpe · Mai–Nov. durchgehend geöffnet, im Winter nach Absprache
Hintersteiner Straße · 87541 Bad Oberdorf · Tel. 01 71/9 93 98 47 · www.hinterstein.de
Haltestelle: Bahnhof Sonthofen, Fußweg ca. 1,5 Std.

Willersalpe

NA DANN, GUTE NACHT!

100

Langeweile vor dem Schlafengehen wird es hier sicher nicht geben. Wer denn möchte, hat vor einer Nacht im Baum eher die Qual der Wahl! Das Angebot ist groß: von 3-D-Bogenschießen über Klettern in den Baumkronen bis hin zu Slacklinen oder einem Eskimo-Wochenende. Da ist sicher für jeden das Richtige dabei!

Das Highlight des Waldseilgartens ist sicher eine Nacht im »Hotel der 1000 Sterne«. Hier erlebt man Übernachtungen der ganz besonderen Art hoch oben in den Baumkronen. Die passende Schlafstätte wählt man einfach aus verschiedenen, aber sehr ungewöhnlichen Angeboten aus.
So kann man zum Beispiel auf einer Plattform in den Bäumen übernachten. Nach einem gemeinsamen Grillabend geht's zum Schlafen hoch in die Bäume. Im »Himmelbett« angekommen, wiegt der Abendwind dann sacht in den Schlaf. Die Holzpodeste sind in sieben Meter Höhe schwebend zwischen zwei Bäumen aufgehängt oder zwischen vier Bäume gespannt. Keine Sorge, man ist natürlich immer mit einem Seil gesichert und kann auch jederzeit wieder hinuntersteigen. Nach einer ausführlichen Übung sollte jeder Übernachtungswillige in der Lage sein, seinen Körper mittels Steigklemmen einige Meter am Seil hochzuziehen, um nach einem ereignisreichen Tag ins »Bett« zu kommen.

Zum Schlafen im »Portaledge« wird das Schwebebett an einem dicken Ast im Baum aufgehängt, und der Auf- und Abstieg ist dabei nur mit einem Seil möglich. Je nach ausgewähltem Platz dauert der Fußmarsch dorthin mit Seil, Bett und Verpflegung im Gepäck 20 bis 45 Minuten. Nachdem man angekommen ist, wird das Schwebebett gemeinsam aufgebaut.

Wenn Sie es extremer mögen, werden Sie die Variante der »Bigwall-Bezwinger« vorziehen und in einer senkrechten Felswand übernachten. In Pfronten gibt es viele 100 bis 300 Meter hohe, steile Felswände. Die Belüftung von unten ist hier garantiert! Je nach vorgesehenem Schlafplatz müssen Sie einen Fußweg dorthin von ca. 20 bis 45 Minuten einplanen.

Waldseilgarten Höllschlucht · Schlafen im Baum · Bürgermeister-Franz-Keller-Straße · 87459 Pfronten-Kappel · Tel. 0 83 63/9 25 98 96, www.waldseilgarten-hoellschlucht.de · Parkplatz an der Abzweigung Kappeler Str. 9, Haltestelle: Bahnhof Pfronten-Weißbach, Fußweg ca. 15 Min.

Impressum

Verantwortlich: Claudia Hohdorf
Redaktion: Rainer Schöttle
Layout: Sabine Knape
Repro: LUDWIG:media
Korrektorat: Gisela Wunderskirchner
Umschlaggestaltung: Nina Andritzky
Kartografie: Kartographie Huber, Heike Block
Herstellung: Kathleen Baumann, Bettina Schippel
Printed in Slovenia by Florjancic

★★★★★

Sind Sie mit diesem Titel zufrieden? Dann würden wir uns über Ihre Weiterempfehlung freuen.
Erzählen Sie es im Freundeskreis, berichten Sie Ihrem Buchhändler, oder bewerten Sie bei Onlinekauf.
Und wenn Sie Kritik, Korrekturen, Aktualisierungen haben, freuen wir uns über Ihre Nachricht an Bruckmann Verlag, Postfach 40 02 09, D-80702 München oder per E-Mail an lektorat@verlagshaus.de.

Unser komplettes Programm finden Sie unter www.bruckmann.de

Die Texte auf S. 37, 52, 90 und 117 wurden von Ulrike Niederer und Stefan Blank neu geschrieben und auf S. 9 überarbeitet.

Bildnachweis: Alle Bilder des Innenteils stammen von Alexander Pohle, außer:
Shutterstock: S. 2 (Dietwal), 4 (Andie_Alpion), 5 (Stefan Kremel), 40 (Bildagentur Zoonar GmbH), 41 (Altrendo Images), 94, 95 (footageclips), 122 (Altrendo Images), 135 u. (Olga Nikanovich); Hofgut Ratzenberg, S. 36; Automuseum Wolfegg, Nicolas Flosbach, S. 53; Schloss Achberg, Erika Spengler, S. 116; Picture Alliance/MIS, S. 118
Umschlagvorderseite: stock.adobe.com/Alexander Rochau

Die Deutsche Nationalbibliothek verzeichnet diese Publikation in der Deutschen Nationalbibliografie; detaillierte bibliografische Daten sind im Internet über http://dnb.d-nb.de abrufbar.

ISBN 978-3-7343-2170-2